山西文化之旅
——成語傳說篇

晉旅　主編

審　　訂：韓一武等
本冊編寫：劉　斌

在地球的東方，有一片神奇的土地，它頭枕長城、腳踏黃河，是中華文明的發祥地，中國上古聖賢堯舜禹皆生於斯長於斯成於斯，它的名字叫中國山西。

五千多年文明在這片十五點六七萬平方千米的土地上留下了輝煌燦爛的文化遺存。一個個王朝，一個個世紀，浩如煙海的歷史瑰寶層層疊疊，不落塵埃，交相閃耀在歷史的天空，讓人目不暇接。

或許是這片土地上的歷史太過悠長、太過厚重，即使是專業的歷史文化學者窮極經年亦難窺其萬一。

《山西文化之旅》的創意原始而又簡單，就是想在浩瀚的歷史時空中，擷取那些時光凝成的精華，把發生在這片土地上的最重大的歷史事件、最重要的歷史人物、最典型的歷史地理變遷和傳承至今的文化風物，用小故事的方式呈現給您，讓您在愉快的旅途中、茶餘飯後的閒適中、忙碌工作的餘暇中，輕鬆地了解中國山西、讀懂中國山西、愛上中國山西！

王一新

目錄

CONTENTS

寫在前面／王一新

人物

情義

事件

道義

後記

人物

開天闢地

開天地，盤古右臂變恆山

　　北嶽恆山位於山西省大同市渾源縣城南十公里處，到過恆山的人都為它的巍峨險峻所傾倒，但如果告訴你，恆山是由一個人的胳膊變成的，你能想像這個人有多大嗎？這個人就是盤古，史上第一巨人，身長九萬里。

　　先有雞還是先有蛋？這在西方是一個哲學問題，但在東方卻是一個美麗的傳說。

　　傳說在天地沒有區分之前，宇宙就像一個大雞蛋，它無邊無沿，沒有上下左右，也不分東南西北，而盤古就像雞蛋裡面的小雞崽一樣，在孕育著。

　　在裡面住了一萬八千年，盤古孕育成熟了。睜眼一看，一團漆黑，盤古胳膊一伸、腿腳一蹬，大雞蛋就被撐破了。盤古張開雙手用力劈開圓東西裡的混沌，輕而清的陽氣上升，變成了高高的藍天；重而濁的陰氣下沉，變成了廣闊的大地。從此，宇宙間就有了天地之分。盤古劈開天地後，頭頂藍天，腳踏大地。一見陽光，天每日增高一丈，地每日增厚一丈，盤古也每日長高一丈。

開天闢地

　　又經過一萬八千年，盤古已經變成了九萬里高的頂天立地的巨人。這個時候，天地間只有他一個人，他開心，就是晴天；他生氣，則烏雲密布；他落淚，天下雨，痛哭就有了江河湖海；他咳嗽，起狂風，眨眼睛打噴嚏便是電閃雷鳴。不知又經過多少年，盤古死了，躺倒在地上。他的頭部隆起，成為東嶽泰山；他的腳朝天，成為西嶽華山；他的肚子高挺，成為中嶽嵩山；他的兩條臂膀，左臂成為南嶽衡山，右臂成為北嶽恆山；他的毛髮成了樹木和花草。

　　後人用「開天闢地」來比喻空前的、自古以來沒有過的事。

女媧補天

五色石，補天裂

　　女媧是上古中國神話中的創世女神，有人說她長的是蛇身，有人說她搓泥球造人和萬物。如果說盤古是「地球之父」，那麼女媧就是「中華之母」。在山西有許多關於女媧的傳說、遺跡和紀念地。

　　山西吉縣柿子灘、晉城市浮山、平定縣浮化山、洪洞縣趙城侯村分別有女媧的補天窟、補天臺、女媧葬地媧皇陵；太行山古稱「女媧山」「皇母山」，柿子灘有裸體女性岩畫，被認為是女媧形象，在吉縣人祖廟發現的骸骨也有人認為是女媧的遺骨。

　　傳說盤古開天地後的第一次戰爭就發生在不周山（有傳說是今山西長子縣境內的發鳩山）附近，參戰雙方實力相當，分別是水神共工氏和火神祝融氏。二神在不周山大戰了幾天幾夜，最終火神祝融佔據了優勢，將水神共工打敗。但失敗的水神不服氣，一怒之下，把頭撞向了不周山。

　　轟的一聲，不周山崩裂了。不周山本為支撐天地之間的大柱子，它這一崩裂，天便倒下了半邊，出現了一個大窟窿。天漏了，於是地面出現深深的裂縫，山林燒起了大火，洪水從地底下噴湧而出，各種

女媧補天

猛獸也出來吞食百姓，人類面臨著空前的大災難。

女媧著急萬分，決心拯救世界，實施補天計畫。整整四年的時間，女媧煉了三萬六千五百塊五色石。石頭煉好後，眾神仙和眾將官開始幫女媧補天，因石是五色的，從此便形成了天上的彩虹、彩霞。但補到最後，大家發現仍有一個洞。只要還有破洞，天就隨時會繼續崩裂，災難很可能再次來臨。

女媧痛苦地思考了很久之後，決定犧牲自己。她揮舞衣袖，飛向那個窟窿，用自己的身體填補好了天上最後的洞……天補好了，天地間恢復了寧靜。

女媧補天的故事流傳甚廣，中國古典文學名著《紅樓夢》的開篇第一章也是以這個傳說為引子，講述了通靈寶玉的來歷。

后羿射日

長弓射日救蒼生

后羿是遠古傳說人物之一，相傳生活在今山西黃河流域一帶，他最偉大的功績就是射掉了天上的九個太陽。有一種傳說，他射日的地方就在今天山西長治市屯留縣城西北三十公里處的老爺山（三嵕山）。

傳說帝堯之時天空中一共有十個太陽，他們都是東方天帝的兒子。每天會有一個太陽到天上值班，負責給大地萬物帶去光明和熱量。地上的人們按時作息，日出而耕、日落而息，生活過得美滿又幸福。

有一天天帝外出，十個太陽結伴而行都跑到了天上。這下大地上的生靈遭殃了。十個太陽像十個火團，他們一起放出的熱量烤焦了大地，森林著火了，河流乾枯了，許多人和動物被燒死。

慣用一把萬斤長弓的神箭手后羿看到人們被太陽烤得苦不堪言，便萌生念頭，要將這搗亂的太陽射掉來拯救蒼生。他拉開了萬斤長弓，搭上千斤利箭，瞄準天上火辣辣的太陽，嗖地一箭射去，第一個太陽被射落了。后羿一支接一支地把箭射向太陽，中了箭的九個太陽紛紛落下，直到剩下最後一個太陽，溫度才又變得適合人們居住了。

后羿射日

從此，這個太陽每天從東方升起、從西邊落下，為大地萬物貢獻著光和熱，天地恢復了一片和諧。后羿射日拯救了蒼生，人民得以休養生息。

「羿」原指鳥張翅旋風而上，後指搭弓射箭。自從后羿射日後，羿便成為對神射手的稱呼，其職業和技能世代相傳。到了夏朝時，「羿」成為國家羽林軍負責人的職官名。在太康不理朝政的時候，其時的「司羿」發動宮廷政變，將太康五兄弟逐出王宮，自己攝政，成為夏代第六任君王。就這樣，歷史上出現了又一個「后羿」。

愚公移山

老人搬山天下知

愚公是神話傳說中的人物，這個無名無姓的人卻幹了一件真正意義上驚天動地的事——搬走了兩座大山。

愚公住在黃河北岸，冀州之南、河陽之北（今山西晉城一帶）。也有人考證說古冀州其實就是天子所在地堯都平陽（今山西臨汾）。愚公已經九十歲了，家住在山裡面，門前有兩座大山：一座太行，一座王屋，方圓各七百里，有七八萬尺高。愚公年紀大了，腿腳不好，出門翻山越嶺非常不便，家裡人勸他少出門，他的倔脾氣上來了，想把這兩座大山搬走。思索幾日，愚公準備把大山移到渤海去填海造田，或者挪到隱土的北面。他帶著全家人開始了搬山。男丁挑擔子，女眷抬籮筐、拿簸箕。鄰居家有個小男孩，才七八歲，也加入進來。

從愚公家到渤海灣，足足一年才能往返一次。這事驚動了河邊住的智叟。聽說愚公全家搬大山，智叟哈哈大笑，跑來對他說：「你年紀這麼大了，怎麼可能搬動大山呢？」

愚公不服氣地說：「你這人還不如來幫忙的鄰居小孩！我死了還有娃呢，還有孫子，孫子又生娃，子子孫孫沒有窮盡。但這山卻不會

加大增高，還愁山挖不平？」愚公的一番話說得智叟無言以對。

愚公移山最後有了一個完美的結果，天帝被感動，命令夸娥氏的兩個兒子背走了兩座大山。

後世「愚公」成了做事頑強有毅力、不怕困難的人的代名詞。毛澤東在一九四五年撰寫的政論文《愚公移山》被列為「老三篇」之一，成為二十世紀六〇年代學習紅色經典潮流的記憶符號。二十世紀八〇年代，太鋼退休職工李雙良帶領渣場職工搬走一座一千萬立方米的渣山，並將廢渣場變成了美麗的花園，被譽為「當代愚公」。

前事不忘，後事之師

張孟談智勸趙襄子

　　春秋末年，晉國大權集中到四個主要大臣智伯、趙襄子、魏桓子、韓康子手中。西元前四五八年，智伯獨攬了朝政大權，他甚至要求其他三卿將領地割讓給他。趙襄子斷然拒絕。於是智伯立即派人傳令給魏桓子和韓康子，要他們出兵和自己一起去攻打趙襄子。

　　趙襄子估計智伯會攻打他，忙找謀臣張孟談商量。張孟談建議到晉陽去抵抗。到了晉陽，趙襄子依靠地形和城牆頑強抵抗，智伯率魏、韓兩家攻打。由於魏、韓不願為智伯賣命，智伯也無法取勝，雙方陷入了困局。

　　晉陽城被智伯水淹，圍困了三年，但人們誓死不投降。一天，張孟談面見趙襄子，說韓、魏兩家也是被迫的，自己打算動員他們反戈聯趙共同消滅智伯。當晚他便潛入魏、韓營中，說服了魏桓子和韓康子，決定三家聯合起來消滅智伯，事成之後平分智家的領地。到了約定的那一天，趙、魏、韓三家聯合進攻，殺得智軍四散逃竄，智伯被擒。從此，晉國形成了趙、魏、韓三家鼎立的局面。張孟談幫趙襄子轉危為安，堪稱第一功臣，但他卻來向趙襄子告別。趙襄子不解：

「你立了大功，現在是我該報答你的時候了，你怎麼卻要走？」張孟談和趙襄子徹夜長談：「在歷史上從來沒有君臣權勢相同而永遠和睦相處的。我現在功勞這麼大，有一天可能會超過您，就像你們四卿之於晉國，前事不忘，後事之師。請您讓我走吧。」張孟談辭去官職，退還封地，隱居山林，在那裡平安地度過了自己的晚年。

後人用「前事不忘，後事之師」提醒人們記住過去的教訓，以作後來的借鑑。

三人成虎

大夫巧解「謠言禍」

戰國時期，諸侯分立，大家都怕別國進攻自己，就想出個辦法來，互相嫁女兒結親家，把兒子送到對方國家去當人質。

這一年，魏太子到鄰國趙國去做人質，大臣龐恭陪同，臨行前他對魏王說：「如今有人來報告說城裡出現老虎，大王相信嗎？」魏王說：「咱們魏國這地界沒有老虎，老虎即便有，也在大山裡，哪能上得了大街呢？我不信。」龐恭又說：「那大王身邊的人也開始說街市上出現了老虎，大王會相信嗎？」魏王有點懷疑了。龐恭接著說：「要是來往的使節也說街市上出現了老虎，大王信不信呢？」魏王說：「既然有老虎的事已經傳到外地去了，看來是真的。」龐恭說：「明明魏國沒有老虎，集市上更不可能有老虎，可是只需要三個人說有老虎，事就成真的了。趙國國都邯鄲（今河北邯鄲）離魏國國都大梁（今河南開封）的距離可是比從這裡到街市遠多了，議論我的人也一定會超過三個人。臣擔心會變成那只被無中生有的老虎。」

魏王恍然大悟，原來龐恭是在測試自己的判斷力。

果然，龐恭才走沒多久，就有人來詆毀他了。魏王每每想起龐恭

那個老虎的故事，也就沒放在心上。可後來說龐恭壞話的人多了，魏王慢慢開始相信了。幾年後，太子順利回國，而魏王果然再也沒有召見過龐恭，也不再重用他。

有人說「謠言重複一百遍就是真理」，而從資訊接受方來看，「三人成虎」則講越是身邊人、越是自己熟悉的朋友圈的以訛傳訛，越容易被信以為真。後世人引申這則故事成為「三人成虎」的成語，比喻有時謠言可以掩蓋真相。

紙上談兵

紙上得來終覺淺

今天的山西高平一帶，在二千二百多年前爆發了中國古代軍事史上最早、規模最大、最徹底的一次圍殲戰，史稱「長平之戰」。戰爭勝利的一方之後建成了中國第一個大一統帝國——秦，而失敗的一方則留下了一個教條主義的反面典型。

趙括，趙國人，大將趙奢的兒子，這趙括雖然是名將之後，但並非只知遊樂的官宦子弟，他從小就熟讀兵法。趙奢的那些部將紛紛稱讚：「將門虎子，從小就是個當將軍的材料。」平時在家裡，趙奢父子倆也總談論用兵打仗的事，愛推演一下著名戰局。趙括滔滔不絕、引經據典，常常把自己老爹都駁倒了，他就此認為在打仗這個事上自己已經全懂了。

趙奢卻不這麼認為，還老批評趙括，說他其實不會打仗。兒連娘心，當媽的看這父子倆鬧不痛快，不樂意了：「你都說不過他，咋他還不會打仗呢？」

趙奢連聲歎氣：「打仗不是嘴上說，是要拼命的事，兵士將性命託付給主將，哪像說的這麼輕而易舉呢！趙國不讓趙括做將軍也就算

了，如果一定要他擔任將軍，毀掉趙國軍隊的一定是趙括。」

後來長平之戰前，趙括被趙王任命為大將軍，母親想起了當年丈夫的話，上書勸阻趙王：「當年趙奢當將軍，待兵士如手足，把賞賜的東西全都分給部下，一接受命令，就不再過問家事。而趙括和他爸完全不一樣，天天接受下級的拜訪，軍吏沒有一個敢抬頭看他的！大王賞賜的金帛，他都帶回家藏起來，還天天找便宜合適的田地房產買。大王認為他哪裡像他爸？父子二人的心地不同，希望大王不要派他領兵。」

紙上談兵

趙王覺得婦人之言不可信，趙括的母親說：「趙王您如果一定要派他領兵，如果他不稱職，趙家能不受株連嗎？」趙王答應了。不止趙王，就連滿朝文武也都認為趙括是趙國最優秀的將軍，應該去建功立業。趙括上任後，先是全部更改原先的紀律和規定，並撤換、重新安排軍官，導致一時軍心不穩。秦將白起聽說這件事，暗暗高興，利用趙括的輕敵，布下詭計，包圍了趙括的軍隊。

　　趙括死於亂箭之中，四十五萬趙軍成為俘虜，被秦國全部活埋在長平。自此，趙國元氣大傷，再沒能力與秦國單獨抗衡。而趙家因為趙母之前與趙王的約定而躲過此劫。

　　「兵無常勢，水無常形」，這豈是在紙上推演論斷所能判定的？後人用「紙上談兵」來比喻空談理論不能解決實際問題。

廉頗老矣，尚能飯否

老將軍壯志難酬

　　廉頗，今山西太原人，戰國末期趙國名將，曾拜為趙國的上卿（最高爵位，相當於元帥），立下戰功無數。但廉頗一生最大的遺憾就是在趙國危亡的關頭沒能帶兵上陣，而這樣的錯過竟然是因為一場飯局。

　　廉頗名氣大，為人耿直，出言直率，導致政敵也多。信任廉頗的趙王死後，新王登基，大臣們紛紛進言，說廉頗的壞話。新王也怕廉頗權勢太大，就藉故奪了廉頗的兵權。廉頗氣憤不已，離開趙國，到魏國旅居。

　　國難思良將，和平的時光沒過多久，幾年後，秦國派兵進攻趙國，趙軍連連敗退，趙國竟沒有一名大將可以對抗秦軍。趙王和群臣商量對策，當年那些詆毀廉頗的人如今也只能勸趙王：「這事只有廉頗能辦，請他回來吧……」趙王聽了有些為難，當年是自己將廉頗趕走的，如今怎麼將他請回來呢？他決心先試探一下，便派身邊內侍帶了一副上等盔甲和四匹好馬做禮物，到魏國去探視廉頗，臨行前告之如果廉頗身體還不錯，就邀請他回國；如果身體不好，就算了。

多年與故國暌隔，突然聽到趙王派人來看自己，廉頗已經明白了一二。當看到趙王送的禮物後，廉頗說：「一定是趙國遇到了危難，趙王想召我回國效力吧。」儘管被趙王排擠在先，但國難當頭，廉頗義無反顧同意回國。為了顯示自己還是精力很足、身強體壯，他專門請內侍吃飯，這一頓飯他放開了吃，吃了一斗米十斤肉。飯後他又穿上盔甲，騎上戰馬，表演了一番武藝。操練完後，廉頗說：「你看我與年輕時相比怎麼樣？我認為自己沒有問題，趙王如召我回國，我一定為國效命。」

　　廉頗猜中了開頭但沒猜中結尾，拼戰沙場的武將哪裡能想到宮廷鬥爭的陰謀？！原來這名內侍受了當年排擠廉頗那些朝臣的賄賂，回國後，他對趙王說：「廉將軍雖然老了，但飯量還很好，可是和我坐在一起，一頓飯就上了三次廁所。」在古代，上廁所的次數與身體狀況有著密切關係，內侍只是多加了幾個字，就讓趙王覺得廉頗已經年邁，不能再戰，廉頗也就再沒得到報效祖國的機會。

　　後人用「廉頗老矣，尚能飯否」來形容曾經輝煌的英雄現今老邁年高，難當重任。

單刀赴會

關聖人隻身探吳營

　　關羽（162-220），中國人心中聖人的代表之一，「山東一人作《春秋》，山西一人讀《春秋》」。關羽與孔子齊名，被人們稱為「武聖」，河東解良（今山西運城解州）人。如今，解州的關帝廟每年接待著來自全國各地的關公信眾無數。

　　關於關公的傳說故事很多，但真正能體現其膽識、智略和英勇的要數單刀赴會了。

　　東漢建安二十年（215），劉備和孫權聯手抗擊曹操，但因為一處荊州城，雙方互不相讓，聯盟面臨著破裂。如果孫劉聯盟破裂，面對強大的曹操，他們將被分別消滅。雙方既擔心這個結果，又不想讓出荊州城，在僵持的局面下，東吳邀請劉備過江來談判，關羽主動擔當起談判代表的責任。

　　說是談判，但雙方爭奪荊州已有矛盾，互有軍事行動，形勢非常凶險。東吳這邊，領軍都督周瑜剛被蜀國的軍師諸葛亮設計氣死，上下對劉備方猜忌深重，怨氣十足；劉備這邊，如果要退出荊州，把辛辛苦苦爭取來的根據地丟掉，自己將再次陷入流動作戰的窘境。

單刀赴會

　　談判是不好談，但又不得不談。得知關羽要來談判，東吳已經做好了準備：關羽如果帶兵來，就廝殺到底；如不帶兵來，就埋伏好刀斧手，趁機誅殺他，除掉關羽這個蜀國第一大將。

　　關羽也深知這趟談判凶多吉少，談判當天，他只帶了一艘小船，船上大大地掛了一面紅旗，上寫一個「關」字。東吳的人一看，關羽青巾綠袍，坐在船上，旁邊周倉捧著大刀，八九個關西大漢各挎腰刀一口。

東吳的人看關羽並沒有帶兵馬，都驚呆了。大家將關羽接入庭內。到入席飲酒時，關羽的氣勢鎮住了東吳將士，來敬酒的將軍們都嚇得不敢抬頭看他。關羽談笑自若，隻字不提荊州之事。哪料飯後，東吳方步步緊逼，準備誅殺關羽。關羽又佯裝喝醉，右手提刀，左手挽住東吳統帥魯肅結伴而行，機智地逃脫。

後人用「單刀赴會」來指一個人冒險赴約，讚揚他的智略、英勇和膽識。

環肥燕瘦

短長肥瘦各有態

山西自古出美女，四大美人之中就有楊貴妃和貂蟬兩位是山西人。楊貴妃，名叫楊玉環，又名楊太真，山西永濟人。四大美女中，楊玉環可謂是「重量級美女」。

美女，可以稱作是時尚圈的一面鏡子，儘管如今各國對臉的美醜判定有各自的標準，但統一來說，瘦才是時尚美女的標誌，然而，歷史長河中卻有過胖瘦各領風騷的時代。

楊玉環（719-756），從小愛好音樂、舞蹈。雖然體態豐腴，但很有歌舞天賦，是大唐帝國傑出的舞蹈家、音樂家。

恰逢大唐盛世，楊玉環被喜歡戲劇的皇帝唐玄宗看中，選進宮冊封為貴妃。當時的唐帝國以胖為美，肌膚圓潤、身材豐滿的楊玉環因舞姿綽約、天賦極高而備受皇帝恩寵，更常常與唐玄宗討論藝術，一時成為六宮中最紅的人。

楊貴妃的這種豐腴之美曾經影響了中國以及東南亞許多國家和地區長達幾百年的審美標準。

如今，在楊玉環的出生地今山西永濟市獨頭村有一座千年古潭——貴妃池，傳說楊玉環年幼時曾在此洗浴，引得眾多中外遊客慕名而來。

　　另一位引領潮流的是比楊玉環早幾百年的西漢成帝時的皇后趙飛燕。當時，趙飛燕憑藉楊柳細腰及輕盈曼妙的舞姿，征服了漢成帝，不僅深得其寵愛，沒多久還被封為皇后。如此細腰，一時引得滿朝貴

環肥燕瘦

婦紛紛效仿。趙飛燕的腰可謂古往今來最具殺傷力的一支纖腰了。

皇帝寵信自然是最好的廣告，天下人於是爭相學著來變胖變瘦也就不奇怪了。

由此看來，美的標準不止一個，宋代大文豪蘇軾在《孫莘老求墨妙亭詩》中寫道：「杜陵評書貴瘦硬，此論未公吾不憑。短長肥瘦各有態，玉環飛燕誰敢憎。」玉環飛燕一肥一瘦，但並不妨礙她們都是傾城傾國的美女，只是風格不同罷了。蘇軾在這裡將「環肥燕瘦」比作自己對書法藝術的看法，表示藝術風格不同，各有千秋。

後人用「環肥燕瘦」來形容儘管美女形態不一，但各有各的美麗，也用來形容一切美好的事物即便風格不一，甚至對立，都仍然各有所長。

游龍戲鳳

《龍鳳店》的故事

　　大同自古多美女，在京劇中有一出名段《游龍戲鳳》，講的就是明朝正德皇帝和大同酒家女李鳳姐之間的故事。正德皇帝是歷史上很有爭議的一位皇帝，可以稱是最愛玩的皇帝之一。他最為世人所知的，是喜好美色。

　　李鳳姐一家在今天的大同城郊李家村開了一家小酒館，李鳳姐的父親是掌櫃，李鳳姐在店裡幫忙。這天正德皇帝微服巡幸，來到了梅龍鎮，被李鳳姐的美貌傾倒，將其據為己有，還讓喬裝的侍衛把李鳳姐搶回京城。不想走到北京郊外居庸關時，又遇上一個絕色美女，正德皇帝就把李鳳姐扔下走了。

　　一年後，李鳳姐在居庸關生下一男孩後抑鬱而死。當地百姓為李鳳姐在居庸關南山坡上立墳，因墳上長滿白草，被附近的人稱為「白鳳塚」。在戲曲故事《游龍戲鳳》中，正德皇帝死後無嗣，大臣們遂想起李鳳姐，就派人到居庸關找到當年那個男孩，擁其回京即位，是為嘉靖皇帝。當地人稱李鳳姐陵墓後的山峰為「戀花山」，以此來諷

刺正德皇帝貪戀美色，始亂終棄。而明廷為了皇家的臉面，把「戀花山」改稱「蓮花山」，流傳至今。在戲曲舞臺上，這段故事被演繹成《龍鳳店》的故事。

蘇三起解

京劇名段原型在洪洞

　　因話本和戲劇聞名的蘇三，在中國是一個家喻戶曉的人物。京劇大師梅蘭芳等人都曾在舞臺上唱過「蘇三離了洪洞縣……」蘇三蒙難、逢夫遇救的故事也確實發生在今天的山西洪洞縣。直到一九二〇年，洪洞縣司法科還保存著蘇三的案卷。

　　蘇三原名周玉潔，明代山西大同府周家莊人，五歲時父母雙亡，後被拐賣到北京蘇淮妓院，遂改姓為蘇。其時妓院已有兩名妓女，她排行第三，故名蘇三，「玉堂春」是她的花名。蘇三天生麗質、聰慧好學，琴棋書畫樣樣精通。

　　和很多青樓故事一樣，蘇三與一個官宦子弟王景隆一見鍾情，過往甚密，並立下山盟海誓。但迷戀蘇三的王景隆不思上進，不到一年就把錢花光，被老鴇趕出了門。

　　蘇三要王景隆發奮上進，自己也不再接別的客人，只等他考取功名。王景隆於是發奮讀書，二次進京應試，終於考中了進士。不料老鴇偷偷以一千二百兩銀子為身價把蘇三賣給了洪洞馬販沈洪為妾。蘇三只得隨沈洪回到故里。沈洪長期經商在外，其妻皮氏與鄰里趙昂私

通，合謀毒死沈洪，再誣陷蘇三，並以一千兩銀子行賄。知縣貪贓枉法，對蘇三嚴刑逼供。蘇三受刑不過，只得屈忍畫押，被判死刑。

正巧考中進士的王景隆出任山西巡按，得知蘇三已犯死罪，便密訪洪洞縣，探知蘇三冤情，即令火速押解蘇三案全部人員到太原。京劇《蘇三起解》講的主要就是發生在蘇三前往太原途中與押解差官崇公道之間的故事。

蘇三起解

王景隆為避嫌疑，遂托他人代為審理。最終經過公正判決，蘇三奇冤得以昭雪，真正的罪犯伏法，貪官知縣被撤職查辦，蘇三和王景隆終成眷屬。

明代小說家馮夢龍將這個故事寫進了《警世通言》，流傳後世。在京劇劇碼中，蘇三起解的故事被改編成《女起解》《洪洞縣》，京劇四大名旦梅、尚、程、荀及張君秋都有精湛的演出。

岱嶽殿裡神仙會

佛道仙怪大聚會

在山西忻州市西北的河曲縣岱嶽殿村有個岱嶽殿，所在村因殿得名，全國罕見。這座寺廟裡既有道教、佛教的正神，也有地獄閻羅殿的神像，甚至還有民間神祇。這些神仙共同享受著百姓的香火。

每年農曆三月二十八日，據說為天齊大帝之祭日，岱嶽殿村總會變得特別熱鬧，附近許多村的村民會在這一天來村裡岱嶽殿前趕廟會。廟會那天進香拜神者絡繹不絕，山門對面的戲臺上還要唱戲，廟內外人山人海，熱鬧無比，是河曲縣遠近聞名的一大盛會，這個廟會又有一個稱呼叫「神仙會」。

走進岱嶽殿，殿內除了供有東嶽大帝外，從正殿到偏殿分別供有龍王娘娘、地藏王菩薩、玉皇大帝、送子娘娘、佛祖、觀音菩薩等等，這些各具情態的佛道仙怪神像會讓人恍如走入光怪陸離的神話世界，百看不厭，流連忘返。

為什麼這個廟裡神仙這麼多呢？民間傳說姜子牙助武王滅紂後，敕封諸神，將黃飛虎封為東嶽天齊仁聖大帝，總管天地人間吉凶禍福，封地在五嶽之首即東嶽泰山，而泰山別稱「岱」「岱嶽」，人們

就把此廟稱為「岱嶽殿」。後來東嶽大帝被加官晉爵，執掌幽冥地府十八重地獄，故岱嶽殿也常被稱作「岱獄殿」。雖僅一字之差，卻平添出許多神祕的色彩。之後歷史變遷，佛教東入，這裡又塑起佛家的佛祖菩薩像，一直到今天。這也反映了中國民間多神論的現象——不信鬼神敬鬼神。

孔子回車哀竇犫

孔聖人惺惺相惜竇大夫

在山西太原市西北的上蘭村有一座竇大夫祠，供奉的是春秋時期的晉國名臣竇犫。雖然很多人不知道他的名字，但他卻甚得孔子賞識。竇犫身上發生的一件事，讓大名鼎鼎的孔子做出了人生中最重要的決定之一。

當年孔子遊走列國，推廣自己的治國理念。今天的山西地區當時由晉國統治，晉國的卿大夫趙簡子執掌朝政時誠邀孔子蒞晉，想聽聽這位大儒講講如何治國。孔子也正在尋求大國推行自己的治國理念，接到邀請便欣然接受，帶著弟子前往。

此時，作為國家重臣，晉國大夫竇犫與執掌朝政的趙簡子在治國理念上發生了重要分歧。為了推行政令，趙簡子便殺害了竇犫。當孔子行至黃河邊時聽到了竇大夫被殺的消息，便望著滔滔河水無限感歎，決定不去晉國了。他的弟子們不理解為何老師走到了晉國邊界卻不再前行。孔子說：「趙簡子和竇大夫都是晉國賢良能幹的大臣，原來他們政見相同，但一旦地位權力發生了變化，就要殺掉曾經的好友來推行自己的政策。君子對同道的不幸遭遇會感到傷感，我決定返回

家鄉，不再奢望哪一個君主可以推行仁政。」

　　茫茫黃河岸邊，孔子留下了憂傷而失望的背影，他說這是命運的安排。正因為竇大夫的遭遇，孔子在周遊列國時才沒有踏上山西的土地。「孔子回車」也成為兩個惺惺相惜的君子最後的告別。

昭君平城贈琵琶

贈琵琶成就千年老店

山西大同歷代為中原王朝和游牧民族的交界，這裡曾留下四大美女之一王昭君的最後告別：昭君出塞時，在此留下了一把自己的琵琶。

中原王朝與北面的游牧民族常年交戰，損失慘重。漢朝時開始了和親政策，就是漢朝的宗室子女與游牧民族的匈奴單于通婚，以此換來兩地和平。

西元前三十三年，呼韓邪單于來到長安，要求和親。漢元帝這次決定挑一個宮女給他。不甘心做白頭宮女的王昭君毅然請命。於是，她跟著和親隊伍一路向北，走到了漢朝的北部邊境平城（今山西大同）。馬上就要離開邊塞，進入異邦了，此去終生再難返回，王昭君決定在這裡多住幾天，再回看下家鄉故土。

想到此，王昭君叫送親隊伍演奏起了漢朝的宮廷音樂。那熟悉的樂曲，此時聽起來幽怨哀婉，王昭君也拿出自己最擅長的樂器——琵琶彈奏起來。一曲《出塞曲》音如馬嘶、聲似劍嘯，平城百姓都明白這是家國女兒的訴說。再留，也終究是要走。匈奴的迎親隊伍已經準

備完畢。

　　王昭君命隨從宮女從琵琶箱中選出一把最好的琵琶贈給留宿的店主作為紀念，這家店便因此改名為「琵琶老店」。

　　琵琶老店因為昭君的緣故世代興旺，店主雖變，房舍也多次重建，唯有店名不改。到了唐朝，大書法家柳公權書寫了「琵琶老店」四個大字，並製成一塊橫幅匾掛在店門上。此店一直到新中國成立之初還存在，後來舊城改造時被拆毀，而那塊「琵琶老店」門匾至今仍珍藏在大同市博物館中。

昭君平城贈琵琶

關公故宅無「關」姓

關二爺避禍走他鄉

今天的山西運城市常平村是關羽的故鄉。走進常平村，在村西頭的大道旁有一座牌樓，上面寫著「關聖故宅」四個大字。歷朝歷代的文官武將經過這座牌樓時都要下轎下馬，表示對關帝爺的尊敬。但令人奇怪的是，在關聖故宅常平村，現在卻連一戶姓關的人家都沒有，這是為什麼呢？

「英雄不怕出身太單薄。」《三國演義》中談起關公來，都是忠義英勇的大事件，但關公的出身，千百年來，都沒有定論，在《三國演義》中也是語焉不詳，只說他看到土豪劣紳欺負百姓，一時義憤給殺了，從此流亡江湖，直至遇到劉備，從軍建功。

關公門前沒有「關」姓人，可能就和這次殺人事件有關。傳說關羽從小練武，一身功夫了得，而且性格直爽、正直善良，好打抱不平。他十八歲的時候，解州城出了個惡霸，平時為非作歹、欺男霸女，是當地官員的親戚，老百姓都恨他但又沒有辦法。

這一年，久旱無雨，惡霸把城裡所有的水井都填了，只留下他家一眼，為的是讓老百姓到他家挑水，他坐地收錢。很多窮人都吃不起

水，當地老百姓恨透了他，卻敢怒不敢言。關羽忍無可忍，激憤之下殺死了這個惡霸。

關羽殺人闖下大禍，官府貼出告示懸賞捉拿他，惡霸的黨羽也趁機來尋仇。父母在送關羽出逃後，雙雙自盡。全村姓關的人家也受到牽連，都逃離了常平村，到二十多公里外的東古村躲藏起來。常平村從此便再也沒有關姓人家居住了。

後來關羽功績卓著，成為「武聖」，常平村父老為紀念他，就將關羽的老房子改建為關聖家廟，而居住在東古村的關姓後代逢年過節都要前來祭祀，這個習俗一直延續到現在。

天柱擎天

天柱山見證一代名將

在山西忻州市靜樂縣城南，有一座大山名叫「天柱山」，山上古樹參天，泉水叮咚，一派世外桃源的景象。這座大山的得名並不是因為這裡有什麼險峰異石，而是和一位大將軍有關。

南北朝時期，北方建立的第一個王朝就是北魏政權。北魏政權由蒙古草原起家，一路南下，攻陷洛陽，一時佔據北方大片疆土。在北魏政權裡，山西朔州籍的大將軍爾朱榮戰功赫赫。至北魏末年，爾朱榮東征西戰，平定六鎮兵變，擊退南方叛亂，由此掌握了北魏的軍政大權。

當時，北魏境內政權動盪，各地紛紛起義。有一個叫葛榮的人整合了幾支起義軍，擁兵數十萬，自命天子，向北魏進攻。北魏當時兵力薄弱，正當上下不知該如何應對時，爾朱榮趁葛榮剛進入山西境內，地形不熟，帶著七千騎兵對今天忻州市靜樂縣附近的山區進行了突襲，一舉攻破葛榮的大軍，幫北魏解決了心頭大患。此戰後，北魏皇帝一時想不出該給戰功赫赫的爾朱榮什麼樣的封號，便將他比作「擎天一柱」，封他為「天柱大將軍」，而他戰勝葛榮的那座山，也因

此得名「天柱山」。

在天柱山半腰，原先有一脈泉水，被人稱為「龍泉」，為原靜樂縣八景之首，也被稱為「天柱龍泉」。與別的地方不同的是，這口泉水的另一個名字卻不怎麼好聽，叫「狗舐泉」。傳說爾朱榮來到天柱山后，一直沒有找到水源，這時，他心愛的獵犬突然對著一塊空地舐了起來，爾朱榮馬上命人往下挖，由此發現了這口泉。因為爾朱榮愛養犬的緣故，直至今天，在靜樂一帶，還有把狗當作神靈的現象。在這裡的許多神龕、碑刻上，總能看到狗的形象。

毗盧遮那佛降生蘆芽山

無廟無僧的佛教聖地

　　在佛教名山五臺山的北面，有一座蘆芽山，也是一座佛教名山，但和五臺山不一樣的是，這裡一個僧侶都沒有。沒有僧侶的山怎麼會是佛教名山呢？因為這裡是佛祖釋迦牟尼法身佛毗盧遮那佛的道場。

　　佛教中經常會提到「三身佛」，法身佛就是指佛的源頭，不管在什麼時候都永遠存在，其在佛教中的地位非常重要，許多全國知名的寺廟都有供養，如北京法源寺、洛陽白馬寺。據記載，初唐時，蘆芽山就是著名的，也是全國唯一的毗盧遮那佛道場，同時也是全國罕見的三教合一、佛道共處的寺觀集中區。隋唐時，蘆芽山中已是寺廟林立，多至三百餘處。

　　既然有如此眾多的寺廟，可以斷定當時一定會有相當多的僧人。但是，今天走遍蘆芽山也很少能見到和尚，連和尚的墓都很難看到。據說，當年因為戰亂，大部分寺廟的僧人都跑到南方去了，而少數留下來的僧人就把自己的墓安置在了寺廟旁的懸崖上。今天在蘆芽山寺廟遺址旁高聳入雲的懸崖上還可以看到石頭製成的懸棺，很多人認為這是當年留下來的僧人的墓葬。

如今蘆芽山上已經見不到香火旺盛，只在主峰絕頂約十平方米的石坪上留有一座石砌建築——太子殿。這座殿裡沒有僧侶，不設香案卻信眾不斷，傳說這裡是毗盧遮那佛的佛頂。

李白醉書懸空寺

詩仙豪情寫錯字

　　北嶽恆山西側的翠屏峰上有天下聞名的懸空寺，這座建造於北魏時期的著名寺廟，曾留下不少文人墨客的足跡。在懸空寺外的峭壁上，有「壯觀」二字，傳說是唐朝大詩人李白親筆所寫。但細心的人們發現，這個「壯觀」的「壯」字比正確的寫法多了一點，這是為什麼呢？

　　據說當年李白遊歷到此，見到建在崖壁上的懸空寺，驚愕萬分，詩興大發，但左思右想，一時又找不到更好的詩句來形容懸空寺，於是揮筆寫下了「壯觀」二字，寫罷意猶未盡，感覺難抒胸臆，於是又在「壯」字上重重加了一個「點」畫，意為懸空寺比「壯觀」還要多一點。

　　關於「壯觀」二字還有另外的一種解釋，據說當時來到懸空寺的李白被懸空寺的幽雅險峻征服，喜愛喝酒的他當晚就喝醉了，揮筆寫下「壯觀」二字表達心意。第二天酒醒後，發現酒醉時寫的字多了一筆，但大詩人也不好悔改，於是就對旁人說這一筆是故意寫錯的，意

思是懸空寺比「壯觀」還要多一點。

李白的《夜宿山寺》一詩「危樓高百尺，手可摘星辰。不敢高聲語，恐驚天上人」，據說描述的可能就是懸空寺。

薛仁貴成親入寒窯

柳銀環變王寶釧

在京劇中有一齣戲《王寶釧》，戲臺上王寶釧作為宰相的女兒愛上了長工薛平貴，因為家裡不同意，剛烈的她與父親斷絕關係，和薛平貴住進了寒窯。這座「寒窯」就在今天山西運城河津市修村外，但寒窯卻有兩個女主人。

薛平貴的原型是唐朝名將薛仁貴，如今這座窯洞裡面有一對夫妻坐像，男的當然是白袍將軍薛仁貴，但細心的人們會發現，女主人公並不是戲劇裡常見的王寶釧，而是另一個女子，名叫柳銀環。

薛仁貴是今天山西河津市人，從小武藝高強，但苦於出身草根，沒有機會報效國家。在當地的傳說中，薛仁貴娶了當地的女子柳銀環。柳銀環家境富裕，見識不凡，她看薛仁貴是個志向廣遠的人，就勸他離開鄉村，到外面闖蕩一番事業。那時大唐帝國正準備與高句麗進行爭戰，各地招兵買馬，柳氏希望薛仁貴到軍隊中去求取功名。薛仁貴猶豫不決，恰逢自己準備為先祖遷墳，他就以此為由推脫。

柳銀環說：「現在皇帝親征遼東，正在徵求猛將，如此難得之時機，夫君為什麼不去取功名？富貴還鄉，再葬也不晚。」看妻子這麼

支持，薛仁貴毅然離開了家鄉，從軍抗敵。十八年後，他從一名小卒變成了一名大將軍，大破高句麗軍，成為一代名將，被唐太宗賞識。由此可見，薛仁貴的名將之路是柳氏鼓勵而來的。

薛仁貴的故事流傳開後，一些民間戲本也把它收錄其中，同時為了更突出戲劇性，就把富家女柳銀環提拔了一格，變成當朝宰相的女兒王寶釧，又增加了其與宰相父親的決裂戲份，而成為京劇名段。

鶯鶯塔下聽蛙鳴

天下第一「大喇叭」是座塔

　　山西永濟市的普救寺因張生和崔鶯鶯的愛情故事而聞名天下，在該寺西軸線上，屹立著一座古樸典雅的方形密簷式磚塔，世人稱之為「鶯鶯塔」。鶯鶯塔最讓人不解的地方是其因獨特的結構和精湛的工藝而具有的特殊回音效應——「普救蟾聲」。

　　鶯鶯塔回廊西側外有一個擊蛙臺，在這裡以石相擊，就可聽到從塔上傳來「咯哇、咯哇」的蛙鳴聲；它還可以像收音機一樣將人的話「現場直播」，在鶯鶯塔下，人們可以聽到從二千五百米外蒲州鎮上傳來的唱戲聲、鑼鼓聲，甚至人們在家裡的說話聲、嬉笑聲。另外，塔下的鳥叫聲通過鶯鶯塔的「擴音」之後也會變大，傳播到很遠的地方。因為這個特殊作用，鶯鶯塔被一些聲學專家與緬甸撣邦的搖頭塔、摩洛哥馬拉克斯的香塔、匈牙利索爾諾克的音樂塔、法國巴黎的鐘塔、義大利的比薩斜塔一起譽為「世界六大奇塔」。

　　鶯鶯塔為什麼會發聲？相傳在唐代，佛教大興，朝廷要在普救寺和中條山腳下的萬固寺各建一座佛塔，特邀師徒二人修建，要求塔身一樣高，用一樣料，施工期限一年整。當下徒弟選建萬固寺塔，師父

則建普救寺塔。

　　話說這徒弟心高意大、自恃聰明，心想這可是個出人頭地的好機會，便挖空心思，巧立名堂，把功夫全用在塔外形的精雕細刻上，希望以此勝過師父。第二年兩塔同時竣工，香客如流，爭相觀瞻。經過比較，大家都說萬固寺塔八面玲瓏、磨磚對縫，齊聲誇讚徒弟比師父技高一籌。徒弟聽了十分得意。正在這時，師父當眾說道：「我建的塔是座寶塔，擊地即有叫聲。」眾人當場一試，果真如此。原來，師父建塔時在塔裡埋了一對金蛤蟆，這就是鶯鶯塔發聲的祕密。

鶯鶯塔

傳奇的故事終究是無法驗證，關於鶯鶯塔發聲的祕密，中國科學院聲學研究所的科學家們進行了一系列細緻的研究和測試。之後，用儀器繪製出了塔下擊石聲的時間波形圖——擊石聲在空氣中傳播時碰到障礙物，就會有反射，波形圖中共有十三個小的回波，整齊有規律，但與建築物共振引起的波形圖並不一樣，而應該是由某種物體特有的反射規律造成的。難道這十三個小的回波是敲石頭的聲音通過十三層塔簷反射後的結果？

而塔下擊石聲的時間波形圖，與現實生活中青蛙叫聲的時間波形圖基本一致，所以鶯鶯塔下的拍手、擊石聲，才會被認為是自然界青蛙的叫聲。

華嚴寺的合掌露齒菩薩

「東方維納斯」原型之謎

　　寺廟中的菩薩塑像大多威嚴端立，但山西大同的華嚴寺卻有一尊被稱為「東方維納斯」的菩薩塑像，她彎腰微笑，形態活潑，千百年來，人們一直在研究猜測她的原型究竟是誰。她既沒有佛門森嚴的表情，也沒有傳自印度的高鼻捲髮，她朱唇微啟、含羞帶笑，相貌更接近中國民間少女那種自然流暢的美。塑像高約兩米，上身露著肩膀披著一件袈裟，下身穿著過膝長裙，雙手合十，體態豐盈。讓人感到驚奇的是，這尊塑像並沒有像傳統佛教塑像或直立或打坐，而是全身重心落在左腳上，身體向右扭轉，半扭著腰，腰部曲線優美，更顯婀娜，婉麗動人，合掌露齒微笑的神態表示著對佛法的領悟，成為下華嚴寺傲以示人的遼塑珍品。

　　關於這尊菩薩的原型有一個美麗的愛情傳說。修建華嚴寺的是北方游牧民族建立的大遼政權，當年官府調集了天下千名能工巧匠，一名來自涼州的年輕泥塑匠被分配住在大同一戶只有父女二人的房東家。

　　這父女二人相依為命，父親身體不好，全靠女兒照顧，日子過得

很清苦。年輕的工匠十分同情他們，經常幫他們幹活，一來二去，也就熟悉了起來，還把捏泥人手藝傳給他們。因為泥人捏得像真的一樣，大人小孩爭相購買，父女二人的日子也一天天好起來。

就這樣，年輕工匠不但幫助了房東一家，還收穫了自己的愛情，他和房東女兒相愛了。

但塑造佛像的工作進展卻不順利，能工巧匠沒有能按照預想塑造出絕美的菩薩塑像，他捏出來的模型自己都一直不滿意。

有一天年輕工匠正在冥思苦想時，房東的女兒在窗外手掐著腰叫他吃飯。一抬頭，心上人那一顰一笑的美麗讓他頓時有了靈感，他便讓房東女兒當他的模特，按照她的體型神態塑造了一尊菩薩像。由於記憶中心上人最美麗的時刻就是在窗外掐腰微笑的一瞬間，工匠就索性塑造了一尊露齒菩薩像。

完工的日子到了，這天遼國皇上要來巡查塑好的佛像，皇帝一邊看一邊點頭，認為佛像塑得都挺不錯。看到小工匠塑的這一尊時，主持修建廟宇的官員一下臉色蒼白被嚇傻了，這尊菩薩竟然露著牙齒，這是佛門禁令，也是從來沒有過的事情。他偷偷瞄著皇帝，只見皇帝臉色凝重，徑直向佛像走去，官員以為皇帝肯定要怪罪，馬上跪下磕頭認罪。豈知皇帝上前一步，竟抬手讓她下來敘話。原來皇帝看呆了，忘記了這尊佛像是泥塑，把她看成了真人。

後來，這尊佛像就立在華嚴寺裡，成為鎮寺之寶，一輩傳一輩直到今天。

清涼石的傳說

五臺山為何又叫「清涼山」

在佛教聖地山西五臺山，有很多寶貝，包括佛祖的舍利、皇帝的匾額等等，其中有件寶貝清涼石，它與五臺山的來歷有關，更奇特的是這件寶貝竟然來自大海。

很久很久之前，五臺山並不叫五臺山，叫「五峰山」。這裡氣候異常惡劣，冬天滴水成冰，春天飛沙走石，夏天暑熱難當，是個不毛之地，生活在此的百姓苦不堪言。

在此修行傳教的文殊菩薩想改變這裡的環境。都說東海龍王的寶貝多，他就去找龍王借。這天，文殊菩薩來到東海龍王處，一進龍宮，就看到門外隨意丟著一塊大石，未到跟前，已感到一股涼氣撲來。

和龍王說明來意後，龍王大方地說：「菩薩借什麼都行，請隨意挑選吧。」菩薩精挑細選，但沒有挑到中意的，於是他和龍王談起了龍宮門口的那塊石頭，想把它借走。

哪知龍王一聽，連連擺手道：「這塊石頭是歇龍石，不能借。它

是我用了幾百年工夫從海底找來的，清涼異常，小龍們每天興雲布雨回來，汗水淋漓，燥熱難耐，便在上面歇息養神。你若借走，他們就沒有歇息的地兒了。」

文殊菩薩和龍王談起了五峰山下百姓的遭遇，說自己借此石是為造福人間，並非貪圖享受。龍王估量歇龍石重達萬斤，又在海底，料想菩薩一人必然無法運走，便勉強答應說：「頑石不輕，無人相幫，您能拿得動就拿走吧！」

文殊菩薩來到歇龍石前，但見他口念咒語，巨石瞬間變小，不一會兒就變成了小石塊。菩薩將石頭裝進衣服裡，便告別目瞪口呆的龍王飄然而去。

文殊菩薩回到五峰山時，正是烈日當空、久旱不雨、寸草不生的炎夏。當菩薩把歇龍石安放在今天臺南邊瓦廠村東北的一條山谷中後，五峰山立刻變成一個清涼聖境。於是，這條山谷被命名為「清涼谷」，人們在石頭附近修建了一座寺院名為「清涼寺」，五峰山也就被稱為「清涼山」了。

這個傳說在五臺山已流傳了千百年，如今清涼寺那塊來自深海的寶貝清涼石還在。它長五米、寬二點五米、厚二米、圍十五米，石面青色，有雲紋，上面有各種符號和刻字，有人解讀出是一部《金剛經》全文。現在人們坐在上面，還是覺得涼冰冰的，五臺山也因此成為天下聞名的避暑勝地。

龍翻石的傳說

神仙鬥，五峰山變五臺山

　　文殊菩薩是五臺山的守護神，他運用智慧與神通從東海龍王那裡借來了歇龍石放在五臺山，把這裡變成了涼爽宜人、山花遍野、詩情畫意的清涼聖境。在五臺山的五個山頂，均有大量巨石，當地人稱之為「龍翻石」。五峰山為什麼變成了五臺山？「龍翻石」又是什麼來歷呢？這要從文殊菩薩借歇龍石說起。

　　文殊菩薩從龍宮借走了歇龍石，龍王答應了，但龍宮裡還有眾多人不服。就在文殊菩薩取走歇龍石的當天，那些外出的小龍回到龍宮，得知自己心愛的寶貝不見了，個個怒氣衝天，便追到五峰山來索討。

　　一共五位小龍，他們在五峰山頂拉開了架勢，表示龍宮後悔當時借石，想討回歇龍石。菩薩不理他們，他們便用龍尾把五座山峰掃成了平臺，把五峰山變成了五臺山，又用利爪把岩石刨得亂七八糟，至今這些石塊還遍布山間，這就是「龍翻石」的來歷。

　　文殊菩薩自有對付小龍的辦法，他變身成一個老和尚，去偷偷給小龍「告密」，說自己知道歇龍石藏在什麼地方。五位龍子跟隨著老

和尚來到了祕魔岩的兩座巨大山岩前。文殊菩薩告訴他們，歇龍石就在山岩之間。

眾龍你爭我搶，鑽進山岩之中，尋找歇龍石。文殊菩薩一聲咒語，兩岩轟然合併，僅留得內寬外窄的一道透亮裂縫，將五位龍子困在其中。

文殊菩薩命眾龍在此好好修行，並說要派弟子來朝拜和供養他們，因此這個祕魔岩窟又叫「朝龍洞」，至今留有「朝五臺山，若不朝拜朝龍洞只算朝拜了半個五臺山」的說法。

荒年搭臺濟貧困

善財東疏財救鄉親

在晉中榆次常家莊園的常家祠堂中有一座大戲臺，這個戲臺見證了當年晉商的輝煌，但很少有人知道，這個戲臺竟然是在山西遭遇大災荒時建造的。

一八八七年，山西、陝西、河南、河北等省遭受了三百年來最大的一次旱災。其中，山西災情最嚴重，顆粒無收的情形到處可見，災荒持續了三年。據清政府的官方文獻記載，當時山西有近三分之一的人口死於這次災荒。

發生這樣嚴重的災情，商人當然也不可倖免，眾多的晉商家族中，榆次車輞村的常氏家族損失尤為嚴重。為了不坐以待斃，常家曾想出各種辦法來渡過難關，省吃儉用，縮減開支。但令人不解的是，常家在這個緊要關頭卻對外宣稱要拿出三萬兩銀子在家族祠堂中修建戲臺。

常氏家族要蓋房，請大家幫忙，無論男女老幼，只要鄉親能搬來一塊磚頭，就管一頓飯吃。原來，常家不是要擺闊氣，而是要用修建戲臺作為藉口，幫助本村和鄰村的鄉親們度過災荒，賑災也不落一個

施捨的名。

　　常家認為沽名釣譽要不得，他們掩蓋樂善好施的真正目的，是要讓那些被救助的人能留有自尊。大災持續了三年，常家的戲臺也蓋了三年。

情義

中流砥柱

巨石指路勇船夫

在山西平陸縣三門鎮南的黃河峽谷之中，有一座砥柱峰，當地船工中流傳著一句諺語「黃河九十九道灣，闖過砥柱是頭關」。二〇〇七年，平陸縣文物局在普查時發現了一塊明代時期的石碑，上面刻有四個大字「中流砥柱」。

根據《平陸地方志》記載，砥柱峰因為地形險峻，山峰樣子像柱子而得名。相傳這個山峰是當年大禹治水時留下的鎮河石柱。當時有一座大山擋住了洪水，大禹號召百姓將大山鑿開，通一條人工河道出來。千萬人經過努力，終於將大山打通了缺口，河水分流，圍著大山而過，而被鑿開的一座山峰獨自立在水中，成了現在的砥柱峰。當年，砥柱峰上刻有三個大字「朝我來」，面對的正是滔滔黃河水，一方面展現人類戰勝水患的氣勢；另一方面提醒來往的船工，這裡回流激蕩，水勢險惡。

有經驗的船工在來到砥柱時，最好的方式竟然是調整船頭，直直向砥柱撞去。因為船在幾乎要與石相撞的一瞬間，會隨激流卷起的波浪巧妙地繞柱而過，從而化險為夷，順流東去。

中流砥柱

　　而巍峨挺拔的砥柱山在成千上萬年的歷史演變中，任憑驚濤駭浪，始終巋然不動，屹立中流。成語「中流砥柱」即源於此。後人用中流砥柱來比喻在動盪艱難的環境中堅強的、能起支柱作用的人或集體。

冬日之日

你就像那冬天裡的一把火

　　春秋時期開創晉國霸業的晉文公手下有眾多名臣良將，其中最有名的就是趙氏家族。趙氏一族獨大晉國，趙衰和兒子趙盾歷經晉國數代君王，是晉國第一望族。趙盾的墓就在今天山西襄汾縣城內。

　　趙衰不但對晉文公重耳忠心耿耿，而且人緣極好，處理內政外交都很有一套。晉獻公的九個兒子中，重耳排行老二，本來是不會攤上繼承王位這樣的事，也樂得逍遙。沒想到後來晉獻公寵愛的驪姬姐妹新生了兩個兒子，為了讓幼子奚齊繼位，其他兒子都被糊塗的老爹趕出了晉國。一聽主公被廢，要逃亡，趙衰二話沒說，收拾起行李就跟著走了。

　　離開了晉國，趙衰和重耳一群人跑到了重耳母親的娘家北狄，寄人籬下。重耳娶了狄人女子為妻，趙衰馬上娶了那女子的妹妹為妻，與重耳結為連襟共進退。趙衰就是這樣陪著重耳，一直在外逃亡了十九年。重耳為君（晉文公）之後，趙衰繼續輔佐他，為他管理國政。晉文公死後，晉襄公繼位，趙衰依然一如既往，忠心耿耿。因為有了趙衰等人的輔佐，晉文公、晉襄公執政時的晉國才成了春秋時期的五

霸之一。

　　有人比喻趙衰是冬日之日，就像冬天裡的太陽，給人送去溫暖。但趙衰的兒子趙盾脾氣就大不同，他嚴肅嚴厲，很少看見笑模樣，雖然他也接父親的班當了正卿，但他無論是對待主公還是大臣同僚，都是一絲不苟、死板嚴厲，有人就用「夏日之日」來形容他令人可畏。

　　《左傳》〈文公七年〉：「趙衰，冬日之日也。趙盾，夏日之日也。」杜預注：「冬日可愛，夏日可畏。」

桐葉封弟

君無戲言創三晉之源

　　叔虞是周武王的幼子，周武王去世後，叔虞的哥哥太子姬誦繼位，史稱「周成王」。周成王和弟弟叔虞玩耍的一個遊戲，竟引出了晉國的來源。

　　傳說周武王和邑姜相會時，邑姜夢見天帝對武王說：「我讓你生個兒子，名字叫作虞，我把唐國封給他。」等到邑姜生下兒子，手心果然有個「虞」字，這就是叔虞。

　　周武王死後，年幼的周成王繼位，由周公輔佐。一天，周成王和弟弟叔虞一起在宮中玩耍，他隨手撿起一片落在地上的桐葉，把它剪成玉圭形，送給了叔虞，並且對他說：「這個玉圭是我送給你的，我要封你做諸侯。」史官們聽後，把這件事告訴了周公。周公見到周成王，問道：「你要分封叔虞嗎？」周成王說：「怎麼會呢？那是我跟弟弟說著玩的。」周公卻認真地說：「天子無戲言，封賞是社稷大事，豈可玩笑？」為了國家社稷和天子的尊嚴，在得知父親周武王那個封唐的傳說後，周成王只得選擇吉日，正式封叔虞為唐國的諸侯，史稱「唐叔虞」。

周天子的弟弟來到唐國，給這塊土地帶來了榮耀。叔虞長大後，在唐國勵精圖治，以自己的智慧才能，帶領百姓興修水利、改良農田，大力發展農業，把貧困的唐國逐步變成了富饒之地。唐叔虞死後，他的兒子燮繼位。因為境內有晉水，便改國號為「晉」。山西簡稱「晉」，也由此而來。同時為了祭奠唐叔虞，還在晉水源頭、懸甕山下修建了一座祠堂來祀奉他，這就是晉祠。

　　桐葉封弟成為研究山西歷史的一個標誌事件。後也用「桐葉封弟」來指帝王封拜。

退避三舍

晉文公先禮後兵成霸主

　　春秋時期，山西這片土地是中原諸侯爭奪的重地，這裡的諸侯國是晉國，別的諸侯國霸主是通過攻城掠地來建功立業，而讓晉國諸侯晉文公天下聞名的卻是他的一再「退讓」。

　　當時，南方楚國的勢力已發展到黃河流域，意圖染指中原。而晉文公也有稱霸中原的野心，正在積極擴軍，準備與楚國爭霸，大戰一觸即發。西元前六三二年，楚國的軍隊首先發動進攻。晉國上下正準備迎頭痛擊，這時晉文公卻命令自己的軍隊不要與楚軍交鋒，而是退避後撤。晉軍的將士很不理解，問：「仗還沒打，怎麼就退了呢？楚軍雖然強大，但是為了保衛自己的國家，我們願意拼死一戰！」

　　晉文公說當初自己曾經流亡楚國，受到楚王的厚待，因此曾在楚王面前答應過，如果兩國交戰，晉國情願退避三舍（一舍等於三十里），所以即使這一仗敗了，晉國也要履行諾言。於是，晉軍一退就是九十里，在城濮（今山東鄄城西南）駐紮下來。楚軍看到晉軍退縮，得意極了，主將一邊笑晉文公迂腐於舊事，一邊派軍隊步步緊逼。其實，晉文公主動令晉軍退避三舍既是履行他在楚國時許下的諾

言，又是爭取外交上的主動，表明自己戰爭的正義性，實現了以退為進、後發制人的戰略目的。退避九十里後，晉軍利用楚軍驕傲輕敵的弱點，集中兵力，大破楚軍，取得了戰爭的勝利。

晉文公一戰得名，提高了聲望，成為中原霸主。後人用「退避三舍」來形容對人讓步，不與相爭，以避免衝突。

高山流水

伯牙鼓琴遇知音

　　《高山流水》是一首以友誼為主題的中國古曲，被錄入美國太空探測器「旅行者一號」的金唱片中，並於一九七七年八月二十二日發射到太空。二〇一三年九月十三日，「旅行者一號」在太空飛行了三十多年後，終於飛出了太陽系，向茫茫宇宙去尋找人類的「知音」。《高山流水》的作者就是春秋時的晉國大夫伯牙。

　　伯牙擅長古琴，琴藝達到了爐火純青的境界。官場之中，沒有人懂得他琴中的意味，大家只當他彈琴是個樂子，伯牙始終沒能找到一個知音。一日，他奉命出使楚國，因遇大風，只好在漢陽江口停留。夜色已深，明月當空，俞伯牙俯視江面水波，撫琴而彈。曲終，忽然從草叢中跳出一個砍柴的樵夫來，此人對伯牙的琴藝讚歎不已，並說出了俞伯牙所彈的琴曲來歷和演奏技巧。

　　伯牙沒有想到，一個樵夫會懂琴，他又調弦撫琴，彈奏了一曲，這曲時而雄壯、高亢，時而舒暢、流利。樵夫邊聽邊說：「這一段好像泰山一樣高大，這一段好像江河一樣激盪。」俞伯牙一聽，馬上上前施禮：「沒想到在這裡能遇到你，我相識滿天下，但聽得懂我琴的

沒有幾個。」一問，得知樵夫名叫鍾子期，兩人相見恨晚，當天結拜兄弟，約定來年中秋再在此地相會。

第二年，俞伯牙到了，卻沒等來鍾子期。

原來，這一年裡，好友因故去世了。伯牙來到鍾子期的墳前，撫琴而哭，又彈了一曲當年的那首《高山流水》，曲終，他用刀割斷琴

高山流水

弦，仰天長歎：「知己不在，鼓琴為誰？」說畢，把那把名貴的古琴摔碎，誓言從此不再彈琴，空留一首《高山流水》，成為後人紀念他們二人的名曲。

中國傳統文化以個人修身為第一要素，中國人談知己，更強調排除物質生活的心靈交往，而不屑朋黨相聚，致使知己成了眾多文人筆下長久的主題。後人用「高山流水」比喻知己或知音。

唇亡齒寒

你若安好，便都平安

晉獻公想擴充自己的地盤，便討伐附近的虢國（今河南三門峽一帶）。可是在晉國和虢國之間隔著一個虞國（今山西運城垣曲一帶），討伐虢國必須經過虞地。

晉國和虞國關係一直不錯，沒有發生過戰爭，要想帶兵通過虞國並不那麼簡單。怎樣才能順利通過虞國去攻打虢國呢？晉獻公和大臣召開了會議。大夫荀息獻計說：「虞國國君虞公目光短淺、貪圖小利，只要我們送他價值連城的美玉和寶馬，他不會不答應借道的。」晉獻公聽了有點捨不得，並擔心虞國收了重禮也不讓道。荀息看出了晉獻公的心思，就說：「虞、虢兩國是唇齒相依的近鄰，虢國滅了，虞國也不能獨存，您的美玉和寶馬不過是暫時存放在虞公那裡罷了。」晉獻公這才放心地採納了荀息的計策。

果然如荀息所說，虞公一見到強大的晉國給自己送禮，禮物又很珍貴，頓時心花怒放，滿口答應借道之事。虞國大夫宮之奇聽說後，上前勸阻：「大王，三思啊，虞國和虢國兩個小國相互依存，有事可以互相幫助，萬一虢國滅了，我們虞國也就難保了。俗話說『唇亡齒

寒』，沒有嘴唇，牙齒也保不住！借道給晉國萬萬使不得。」虞公
說：「人家晉國是大國，現在特意送來美玉寶馬和咱們交朋友，難道
咱們借條道路讓他們走走都不行嗎？」

　　三年之後，晉獻公再次向虞國借道伐虢，虞公依然十分慷慨地答
應了晉國的要求。宮之奇覺得自己身為重臣，眼看國家將亡，卻無能
為力，於是帶著一家老小逃離了虞國。這一次，晉國軍隊順利借道虞
國消滅了虢國，等到晉軍得勝歸來，藉口整頓兵馬，駐紮在虞國。虞
公一點防備也沒有，這時晉軍突然發動襲擊，一下子消滅了虞國。

　　後人用「唇亡齒寒」來比喻雙方利害休戚相關。

結草銜環

「草環報恩」智破騎兵陣

春秋時期各諸侯國爭奪霸主，其中秦（今陝西）晉（今山西）之間幾次交好交惡，既有秦晉之好的甜蜜期，也有刀兵相見時。在秦國進攻晉國的一次戰役中，晉國大將魏顆做了一個夢，竟然扭轉了整個戰局。

晉國大夫魏顆的父親魏武子有個非常寵愛的姬妾，名祖姬。魏武子生病時，囑咐兒子說：「我若死了，你一定要把她再嫁出去。」後來魏武子病重，臨死前要兒子魏顆將那個女人給他殉葬。

爹死後，按理說該子承父命，但魏顆覺得人在病重之時都是神志不清，應當遵照父親神志清醒時的吩咐處理這件事。於是就自己做主將祖姬嫁給了別人。心頭一動，救了一條人命。

幾年後，西元前五九四年秋，晉國遭到了秦國的攻擊，國君派魏顆率兵抵抗。秦軍兵強馬壯，魏顆眼看就要抵擋不住敗下陣來。這個時候，戰場上突然出現了一位老人，他找到魏顆，說只需休戰一刻鐘，他就有辦法打敗秦軍。魏顆將信將疑，鳴金收兵。老人到了兩軍交戰的戰場，低頭開始擺弄地上的草。一刻鐘之後，兩軍再戰，原先

衝鋒勇猛的秦軍紛紛摔倒，晉軍趁機包圍了秦軍，而那勇猛的秦軍主將杜回也莫名摔倒在地，被晉軍生擒。戰爭結束後，晉國士兵都在驚奇是什麼原因打敗了秦軍。魏顆到戰場上巡視一番才知道，原來戰場上的小草都被老人精細地打成了結，正是這些草環絆住了秦軍的馬蹄。魏顆趕忙派軍士去找這位老人，想當面感謝，老人卻已不見蹤影。

當天夜裡，魏顆做了一個夢，夢見白天的那個老人對他說：「我是你所救姬妾的父親，你用先人之命善嫁我的女兒，沒有讓她陪葬。

結草銜環

為感謝你的活命之恩，今天結草以助，報答你的大恩大德。」

在東漢時有一位大隱士叫楊寶，他小的時候，在山林中無意間遇到了一隻受傷的小黃雀。當時小黃雀已經奄奄一息，楊寶見它可憐，便帶回家中精心照料，日日飼之以黃花。等小黃雀的傷完全養好後，楊寶將它放生。當天晚上，楊寶做了一個夢，夢見有一個黃衣童子向他拜謝說：「我是西王母的使者，君仁愛救拯，實感成濟。」並以四枚玉環贈予楊寶說：「它可保佑君的子孫位列三公，為政清廉，處世行事像這玉環一樣潔白無瑕。」後來，楊寶的兒子、孫子、曾孫果然都官至太尉，且剛正不阿、為政清廉，美德為後人所傳誦。

後人將此二典故合成「結草銜環」來比喻受人恩惠，定當厚報，至死不忘。

鉏麑觸槐

武士自戕保清白

　　山西侯馬在春秋時是五霸之一晉國的中心地區，這裡流傳著許多當年晉國的故事，其中一位叫鉏麑的武士的故事，至今仍然被人傳頌。讓這位大力士出名的不是他的武藝，而是他的節操。

　　鉏麑因其超群的武藝在剛剛成年時就已聞名全國，晉國國君晉靈公對他非常欣賞，於是讓他進宮來當自己的貼身侍衛。晉國當時掌權的大臣趙盾為人嚴肅，常常當朝直接指出晉靈公的錯誤，因其家族是晉國幾代的名臣，晉靈公一向敢怒不敢言。日子久了，晉靈公對趙盾的怨恨越來越深，於是他決定派鉏麑去刺殺趙盾。

　　一天，鉏麑潛入趙盾家，準備伺機刺殺。沒想到趙盾天還沒亮就已經起床了，穿戴好朝服，預備上朝去。鉏麑看到趙盾一遍又一遍檢查自己的服裝，和門客商量國家大事就退了出來，他並不是找不到下手的機會，而是為趙盾這麼敬業的態度所折服。

　　鉏麑歎一口氣說：「這樣一個一心為國的忠臣，我殺了他就是不忠，但如果不殺他，違背了君上的命令，就是不信。」兩難之下，大

力士鉏麑選擇了向路邊的一棵大槐樹撞去，以自殺來保全自己的節操。

　　後來人們也以觸槐泛指自殺。

鉏麑觸槐

負荊請罪

將相和的故事千古流傳

　　提到將相和，人們都知道這是國家穩定和發展的保障，而歷史上最著名的一對「將相和」當數戰國時趙國的文臣武將——廉頗和藺相如。

　　藺相如出身卑微，因為在趙國和秦國的談判桌上據理力爭，換取了外交勝利，被趙王封為上卿，位在大將軍廉頗之上。

　　這讓廉頗非常不滿。廉頗自幼參軍，於趙國有攻城野戰之功。在他看來，藺相如只不過靠能說會道立了點功，就官比自己還大，他為此感到羞恥，並且揚言如果見到這個上卿，一定會給他難堪。

　　藺相如得知後，便開始處處躲著廉頗。每次朝會只要有廉頗在，藺相如就推說有病，以避免和廉頗去爭位次的先後。甚至有一次藺相如外出，遠遠看到了廉頗的馬車，按照常規應該是品級低的廉頗讓藺相如先走，但藺相如一聽說前面是廉頗，馬上掉頭，給廉頗讓路，等廉頗過去了再走。

　　藺相如能如此大肚量，但他的門客卻忍不了，大家之所以千里迢

迢而來聚集在藺相如的門下，就是仰慕藺相如的本事和名望，如今藺相如卻躲著品級在自己之下的廉頗，這讓這些門客感到出頭無望，準備告辭。

藺相如挽留他們，說：「諸位認為廉將軍和秦王誰厲害？」眾人回答說：「廉將軍比不了秦王。」藺相如說：「以秦王的威勢，而我卻敢在朝廷上呵斥他，羞辱他的群臣。我雖然無能，但並不怕廉將軍，是我想到趙國之所以強大，不受外來侵略，就是因為有我和廉將軍在，如果我和廉將軍兩虎相鬥，勢必不能共存。我所以這樣忍讓，就是為了要把國家的急難擺在前面，而把個人的私怨放在後面。」

負荊請罪

藺相如的話傳到廉頗耳朵裡，廉頗慚愧極了，覺得自己為了爭一口氣而不顧國家利益，實在不該，便在烈日下光著上身，背著荊條，來到了藺相如的門前。他單膝跪地，請藺相如鞭打自己，來饒恕自己的罪過。藺相如扔掉荊條，趕忙上前扶起大將軍，從此兩人便成了好朋友，共心協力保衛趙國。這件事後來成為一段佳話。

　　負荊請罪，「負」是背著的意思，背著荊杖，表示服罪。後來用於形容真心誠意向人認錯、道歉，請其給予自己嚴厲責罰，也表示向人認錯賠罪。後人曾為這段佳話寫下一副對聯：「將相齊心抗強敵譜千秋佳話，文武協力保國家傳萬代美名。」

利令智昏

貪小便宜吃大虧

戰國時代，各諸侯國之間為了爭奪土地，經常發動戰爭。西元前二六五年，秦國派大將白起攻打韓國國都平陽（今山西臨汾），不久包圍了韓國的上黨（今山西長治）。上黨城孤立無援，守將認為上黨保不住了，與其讓秦國占了上黨，還不如親手把它轉交給自己的鄰國趙國，這樣韓國就可以和趙國聯合起來共同抵抗秦國的侵略。於是守將就寫信給趙王，表示願意歸順，希望得到趙國的庇護。

有人來獻城，放在平時，趙國肯定是舉國同慶，但此時趙王卻左右為難，他召集大臣們商議。趙國的君臣對於要不要接受上黨，意見不一，大家展開了激烈的爭論。平陽君趙豹勸趙王不要貪小便宜吃大虧，此刻秦國視上黨為囊中之物，如果趙國接受了，就會惹禍上身，韓國之所以把上黨獻給趙國，目的是想讓秦國把矛頭轉向趙國。

但平原君趙勝卻認為平時即使發兵百萬，一年半載也不一定能攻下一座城池，現在卻可不費一兵一卒就得到上黨，決不能坐失良機。

趙王思慮再三，不想失去這塊到嘴的肥肉，便支持平原君的主張，並且派他去接收上黨。可是沒有多久，趙國便大禍臨頭，秦國看

到即將到手的土地卻被趙國佔領了，就派遣大軍去攻打趙國。趙國大敗，四十五萬大軍全部被秦軍殲滅，國都邯鄲也被圍困。

史官司馬遷在評價這件事時，連連發出長歎，平原君一世英名的公子，但卻不明白利令智昏的道理，利這個東西，能夠沖昏聰明人的頭腦，使聰明人喪失理智，平原君貪圖上黨守將的利誘，以致趙國在長平損失了四十五萬軍士，幾乎連趙國的都城邯鄲也快失去了。

後來，人們用「利令智昏」來形容因貪利而失去了理智。成語「嫁禍於人」也出自此，描述韓國將災禍轉嫁給了趙國。

無可奈何

百家爭鳴，山西有名「外交家」

春秋戰國時期誕生了眾多影響中國歷史進程的思想流派：儒家、墨家、道家、法家……百家爭鳴，一片文化繁榮的景象。其中，有一家堪稱中國外交家的鼻祖，就是縱橫家，他們憑藉對時局的理解，著力於外交事務，代表人物就有戰國時期的山西芮城人范雎。

范雎一生的幸與不幸都和作為縱橫家的能言善辯相關。原先他是魏國大夫手下的門客，因為才華出眾，尤其是口才了得被大夫相中，推薦給魏王，代表魏國出使齊國。出使齊國後，他得到了齊國上下的一致讚揚，但這也給他帶來了飛來橫禍。因被懷疑暗中與齊國有交往，范雎差點被魏國相國魏齊鞭笞致死，後在鄭安平的幫助下易名張祿，隨秦國使者王稽潛入秦國。

王稽當時是秦國的一個官員，正在受秦王的指令尋找賢能之士。他早就聽說過范雎的大名，便將他推薦給了秦王。由此范雎迎來了第二次飛黃騰達，他的遠交近攻策略深受秦王的讚賞，不到幾年的時間，他就一路升官成了秦國的宰相，比當初推薦他的王稽還要官高三級。

從將死之人到一人之下、萬人之上，范雎可謂風光無限。一天，當年的老朋友王稽邀請他到家裡小聚。聊了一會兒，王稽自言自語感慨地說：「世界上不可知道的事情有三件：一是國君不知哪一天忽然死了，二是你不知何時死，三是我也不知哪天死。但世界上無可奈何的事情也有三件：國君死了，他雖恨臣子卻無可奈何；你突然死了，國君恨你也無可奈何；我要是死了，國君因為恨你，想起當初是我推薦的你，但是同樣無可奈何……」

說到這兒，范雎明白了王稽話裡的意思其實並不是詛咒三個人誰會先死，而是如果都不死的話，那麼一旦范雎得罪了大王，國君想起推薦范雎的王稽，也會怪罪於王稽。王稽是在提醒范雎不要忘了當初自己推薦的功勞，兩個人是綁定在一起的，應該有福同享。

范雎不由想起了當初自己的遭遇，得意過頭很可能由盛而衰，想到此他出了一身冷汗，第二天便趕忙向秦王推薦了王稽，提升王稽為河東郡守。

成語「無可奈何」即由此而來，人們用它表示心中雖不願意，但也毫無辦法。

綈袍之義

舊衣見證人情冷暖

人世間有大義小義之分，大義為國為民，小義為恩情友情。送人一件衣服，可謂一個小義，但這樣的小義有時候也能救人一命。

戰國時期，魏國大臣須賈手下有一個門客叫范雎（今山西芮城人），他辦事機靈，深得須賈的喜愛。有一次范雎代表魏國出使齊國，他出眾的才華受到了齊國相國的重視，被給予很高的禮遇，這讓須賈頓生疑心，擔心范雎會背叛魏國。回國後，須賈和魏國的相國談到了自己的疑心。魏相便命人把范雎抓了起來，嚴刑拷打，但審了很久也沒有審出什麼，就把他棄之廁所。

天無絕人之路，范雎僥倖逃得性命，改名張祿，逃到了秦國。大難不死必有後福，幾年後，范雎的才華被秦王賞識，拜為相國。而魏國人對此毫無所知，認為范雎早已死了。

有一天，魏王聽說秦國即將攻打韓、魏兩國，便派須賈去見秦國的新相國。范雎得知須賈到了秦國，便隱匿了相國的身分喬裝來見他，他穿著破舊的衣服步行到客館，見到了須賈。須賈一見范雎不禁驚愕道：「啊，你竟然還活著，這麼多年怎麼過來的？」范雎假裝

說：「我給人家當僕役。」看著當年才華橫溢的門客如今如此落魄，須賈內心愧疚，又有些憐憫，他留范雎一起坐下吃飯，離別時還取出了自己一件粗絲袍送給了他。

范雎假託自己在為秦國相國府打雜工，可以幫須賈引見。須賈將信將疑跟著他來到了相國府。范雎讓須賈在門外等待，說自己去稟告相國。等了很久，須賈不見范雎出來，和門子一打聽，才知道剛剛進去的那個僕人范雎正是新相國張祿。

須賈大驚失色，知道范雎如此設計、喬裝改扮肯定是為了當年的舊怨，他硬著頭皮去見范雎，心想難逃一死。范雎坐在高堂上，高聲說道：「本來是要殺了你的，但是你之所以能不死，是因為你贈我一件粗絲袍，還有點老朋友的依戀之情，所以給你一條生路。」就這樣，一件衣服救了一個大夫的性命。

綈袍指厚實的絲織品。後人用「綈袍之義」比喻不忘舊日的交情。

背水一戰

韓信用兵死地生

井陘關位於今天的山西平定縣附近，是戰國時期趙國所修長城的重要關隘，連接山西、河北兩省，曾確保了趙國疆域的安全。而在楚漢爭霸時，它又見證了一代名將韓信用兵的神妙。

趙國被秦國滅亡十多年後，秦末農民起義四起，趙國剩餘的貴族利用亂世也恢復了趙國。這時已經興起的劉邦大軍由韓信統率，氣勢洶洶而來，趙國憑藉井陘關與之抗衡。

韓信久攻不下井陘關，便設了一條計謀，假意敗退，命幾千名士兵一直退到了西河邊。趙國大軍以為韓信已經完全失去了戰鬥力，後面是水，插翅難逃，所以全部離開關隘營地，前來追擊。

這時，韓信命令主力部隊出擊，背水結陣的士兵因為沒有退路，也回身猛撲敵軍。趙軍被一舉擊潰。韓信率軍乘勝追擊，大敗二十萬趙軍，一舉滅亡了趙國。在慶祝勝利的時候，將領們問韓信：「兵法上說，列陣時可背靠山、面對水，將軍怎麼正好相反呢？」

韓信笑著說：「你們光看到了兵法舉的這個基本規則，沒有讀懂

兵法的要旨，兵法上說要置之死地而後生，如果是有退路的地方，士兵都逃散了，怎麼能讓他們拼命呢！」

「背水」是指背向水，表示沒有退路。後人用「背水一戰」指軍事行動處於絕境之中，為求生路而決一死戰，也可用於比喻有決戰性質的行動。

百感交集

美男子江邊思故國

　　衛玠，字叔寶，西晉時河東安邑（今山西夏縣）人，世家子弟，少年時已是一代名士，字畫、音樂、政見都稱名於一時，很早就被皇帝挑中入宮擔任太子洗馬，就是太子的侍從官。年少成名，又前途無量，衛玠可謂是當時眾多少男少女心中的偶像。

　　命運總是那麼不可預測，當時西晉內憂外患，北邊的匈奴常年入侵，戰亂不止，匈奴軍隊曾兩次長驅直入，一直打到西晉都城洛陽。這讓家在河東的衛玠感到家鄉已經不再是安居之地，準備遷往長江以南，躲避戰亂。

　　一門名士，舉家南遷，談何容易，最先提出反對意見的是母親。當時衛玠的哥哥還在朝廷擔任官職，母親不忍心孩子們分離。衛玠勸母親以家族為重，終於說服母親一起南下。

　　衛玠從小體弱多病，哪曾受過這樣的苦。他一路上跋山涉水、餐風飲露，因水土不服而不斷地患病，經受了千辛萬苦，曾經帥氣的臉龐也變得憔悴不堪。走了近一個月，終於走到了長江邊。過了長江就安全了，全家人是既高興又擔心。

就在將要渡江的時候，衛玠看到了江水中自己憔悴不堪的容貌，原來那個瀟灑的美男子已經不見了。他對左右的人說：「見到這白茫茫的江水，心裡不由得百感交集。」

　　全家在長江以南安了家，但安定並沒有到來。沒多久，衛玠的妻子患病去世，衛玠傷心欲絕，感慨國難當頭，家也難全，一代美男子最終失魂落魄，命喪他鄉。

　　後人用「百感交集」來講述無數感觸交織在一起，形容心情複雜、感慨無比。

枕戈待旦

劉琨北伐收晉陽

　　今天的山西太原地區在很長的歷史時期內都是漢民族和少數民族交戰的核心地區，在這裡誕生過許多名將，也留下了許多勇士的身影。曾經有這樣一個地方官，他本是詩人，但在國難當頭時，只用千人部隊便打退了匈奴萬名精兵，收復了晉陽（今山西太原）。他就是西晉末年的并州刺史劉琨。

　　當時西晉面臨著重重危機。「八王之亂」已經讓西晉元氣大傷，而北方強悍的匈奴正一步步威脅著這個王朝。并州刺史這個職務已是一個虛職，因當時匈奴的部隊已經將晉陽周邊攻克，晉軍連連敗退，晉陽淪入匈奴手中。在這種情形下，劉琨這個并州刺史是有官職無管地，他的第一要務就是收復失地。

　　劉琨接到命令時正身處京都洛陽。從洛陽到晉陽要渡黃河、翻大山，而且山西滿地都是匈奴兵，所以西晉滿朝上下都不敢北上。劉琨此時只有自己在洛陽招募的千餘名士兵，而晉陽周邊的匈奴部隊人數是自己的十倍。

　　劉琨本來並不是職業軍人，而是一位才華橫溢的文學家，但此時

他毫不畏懼，在給自己家人的信中說：「吾枕戈待旦，志梟逆虜。」
（我每天晚上頭枕著兵器睡覺，立志要把匈奴打敗）

從洛陽到晉陽，他帶著千名士兵浴血奮戰，而他自己沒有睡過一
個好覺，連續作戰，終於以少勝多，收復了晉陽。他號召城中百姓發
展生產，加強防禦，重新建設晉陽城。幾年後，一座新的晉陽城便在
汾河岸邊誕生了。

兵器為枕，以待天明，後人用「枕戈待旦」來形容連睡覺時也不
放鬆戒備，隨時準備殺敵。

枕戈待旦

快刀斬亂麻

砍亂麻選出繼承人

南北朝是中國歷史上的大分裂時期，歷經一百多年。山西是北朝數個王朝的所在地。平城（今山西大同）作為魏朝的都城，發生過許多著名的故事，其中東魏權臣高歡家裡就發生了快刀斬亂麻這麼一件事。

高歡是南北朝時期東魏孝靜帝的丞相，為東魏的建立立下了汗馬功勞。然而卻有一件令高歡頭疼的事，他有六個兒子，他需要在他們中挑選一個來重點培養，繼承他的事業。孩子們都還小，沒有實際鍛煉的機會，高歡想到了一個辦法，來考察下兒子們的才智。

一天，高歡把六個兒子叫到身邊，對他們說：「我這裡有一大堆亂麻，現在發給你們每個人一把，你們各自整理一下，看誰能在最短的時間內將這些亂麻整理好。」一聲令下，孩子們個個全神貫注，清理起亂麻來。

黃澄澄的亂麻糾結纏繞在一起，連找個頭都要費上好半天時間。每個孩子的性格不同，處理亂麻的方法也不同。有的孩子很細心，先一根根找出線頭，再開始抽；有的孩子有耐心，先把糾纏在一起的亂麻分出主次來，再逐個找。

快刀斬亂麻

　　只有二兒子高洋捧著亂麻既不抽頭也不理線，他想了一想，找來一把鋒利的小刀，一刀下去把亂麻齊刷刷斬斷了。

　　高歡勃然大怒，以為高洋是分不清亂麻就開始搗亂。高洋卻臉不紅、心不慌，堅定而有力地答道：「亂者須斬！」高歡聽了十分高興，認為這孩子有如此決斷力，將來必定大有作為。果然不出所料，高洋長大後成為北齊的開國君主。

　　後人用「快刀斬亂麻」比喻採取果斷措施，解決複雜棘手的問題。

氣壯山河

忠臣絕食為復國

說起「氣壯山河」一詞，很多人想到的是威猛的武將，其實這個詞是山西一個文弱書生的最後遺言，他就是南宋名臣，今天山西聞喜縣禮元鎮阜底村人趙鼎。

趙鼎二十一歲考中進士，人生前半段順風順水，一度擔任過北宋部級官員。金滅北宋時，他力主抗戰，無奈大勢已去，皇帝和太上皇都被擄走，他也跟隨南宋王朝逃到了南京並擔任樞密使，但仍然是力主北伐抗擊金軍。

南宋著名抗金將領岳飛、韓世忠都是由趙鼎舉薦的。因為主戰，趙鼎和主和派的頭目秦檜成了政敵，在秦檜的進言下，他被貶到外地去當官。離開南京的時候，他上書皇帝說自己已經滿頭白髮，但壯心不已。就連政敵秦檜看後，都不得不感慨：這老頭還是像以前一樣倔強！

秦檜將趙鼎趕出京城，但並沒有放棄迫害，他派專人監視，趙鼎每到一地，如果和當地哪個官員走動比較近，那個官員馬上就會被撤職或調離，趙鼎也會被換到一個更遠的地方。最後一直把趙鼎派到了

遙遠的海南，趙鼎在那裡住了三年，沒有一個熟人敢去看望他，他生活得非常困苦。得知熟人是因為怕秦檜的迫害而不敢登門，趙鼎派人對兒子趙汾說：「秦檜想殺我，我死了，你們和這些朋友都會沒事的。」他帶病寫好自己的「銘旌」（人死後，按死者生前等級身分，用大紅色的布做一面旗，上以白色書寫死者官階、稱呼，用與布同樣長短的竹竿挑起，豎在靈前右方），上面並沒有寫個人的官銜、諡號和姓名，只是寫下兩句話：「身騎箕尾歸天上，氣作山河壯本朝。」寫罷，絕食而亡。

　　《宋史》稱趙鼎是宋朝中興時排名第一的名臣。後人也常用「氣壯山河」來形容氣概像高山大河那樣雄偉豪邁。

鴻雁傳書

「大雁郵差」救使者

漢朝時，蘇武出使匈奴，被單于流放北海去放羊。十年後，漢朝與匈奴和親，但單于仍不讓蘇武回漢。與蘇武一起出使匈奴的常惠把蘇武的情況密告漢使，設計讓漢使對單于講漢皇打獵得一雁，雁足上綁有書信，敘說蘇武在某個沼澤地放羊。單于聽後，只好讓蘇武回漢。後來，人們就用鴻雁比喻書信和往遞書信的人。但歷史上確實有人用鴻雁傳過書信，他就是澤州陵川（今山西陵川縣）人、元代傑出的史學家郝經。

當時北方已經被遼金統治多年，蒙古大軍正在南下，南宋政權節節失利。郝經在當地是知名的大儒，受到元朝開國皇帝忽必烈器重，被任命為翰林侍讀學士。忽必烈當時並不想和南宋開戰，他想聯合南宋消滅其他游牧民族，然後南北分治中國。一二六〇年郝經肩負起重要使命，帶著忽必烈的祕密文書，率領四十人出使南宋，與南宋談判和戰問題。

經過幾個月的跋涉，使團來到了真州（今江蘇儀征）。南宋奸臣賈似道為了控制朝廷的對外政策，打擊異己，背著朝廷將郝經一行拘

於軍營，軟禁了起來。

賈似道一面對郝經的使團說皇帝忙，要等待覲見；另一面又嚴格控制他們的消息，讓他們與外界間音信不通。一晃數年過去了，郝經很想讓元世祖忽必烈知道自己的行蹤和處境。

在被拘禁的第十五年，有一天午飯的時候上來一道菜是大雁，這啟發了郝經利用鴻雁為其傳書的念頭。

郝經假託這個大雁很好吃，讓人多送點來，賈似道同意了。郝經

鴻雁傳書

來到後廚，在四十隻供他食用的雁中挑了一隻體態稍異的大雁。他命人把大雁帶回房間，然後手書尺帛，親繫雁足，再給大雁磕頭懇求，讓大雁幫他們通報朝廷，然後放飛了大雁。第二年，經元朝與南宋談判，郝經順利回歸，後成為一代名臣。在郝經的家鄉，當地人特意建了「落雁池」「落雁亭」來紀念他，現陵川東南還有「落雁街」。

後人用「鴻雁」來比喻書信和傳遞書信的人。

巫咸造鼓

人皮鼓攝人氣，軍令如山

　　在今天的山西運城一代，每逢節日慶典、紅白喜事，最常見的就是咚咚作響的威風鑼鼓。山西是中國鼓的發源地，一九八〇年，襄汾縣陶寺村的墓地裡出土了中國最早的夏朝時期的木鼓。而傳說鼓的創始比這還要早，創始人就是三皇五帝時期的奇人，運城夏縣人巫咸。

　　巫咸用今天的話說就是神醫、天文學家、風水師、心理學家的集合體。有人說他是黃帝的部將，也有人說是舜帝時期的大將，負責軍隊的後勤保障工作。

　　傳說當時舜帝正在與蚩尤進行中原爭奪大戰，舜帝手下另一名大將夔屢戰屢勝，趾高氣揚，放言要進行決戰，消滅蚩尤。

　　蚩尤利用了夔的這種驕傲，假裝敗退讓夔孤軍深入，然後包圍了夔的軍隊。舜帝在指揮部發現蚩尤的陰謀後，趕忙用旗語發命令讓夔帶軍回撤。但由於戰場混亂，夔沒有接到命令，於是被蚩尤搶佔了先機。夔戰敗，一個人逃回了舜帝那兒。舜帝大怒，殺了夔，讓巫咸帶領剩餘的部隊與蚩尤作戰。

當時士氣低迷，人心不穩。巫咸上任後，把夔的皮扣在一個木框上，用夔的骨頭做成了鼓槌，以此號令軍隊，使其聽從指揮。這一招讓大家都驚呆了，鼓一響，每個人都頭皮發麻，鼓聲像雷聲一樣，一震二百五十公里，連震一千九百公里，於是每個人都奮勇殺敵，一下子擊潰了蚩尤。

　　從此鼓就成了軍隊進攻的號角，一直到近代有了衝鋒號才被代替。

楊五郎出家五臺山

楊家子弟佛門思報國

　　山西五臺山作為佛教聖地，除了留下眾多佛教傳說外，還曾是眾多歷史人物的「避難所」。在五臺山顯通寺後高殿文物陳列室有一根帶裂縫的鐵棍，據說這根鐵棍是北宋楊五郎的兵器。

　　宋遼大戰在即，楊家將在金沙灘與遼軍展開決戰。由於遭到宋軍元帥潘美的設計陷害，楊家將大敗，楊業撞死在李陵碑，七郎八虎四個戰死、兩個被俘，只有楊五郎奮力拼殺，來到一片樹林中，四面已被遼軍包圍。傳說，楊五郎一看突圍無望，回想起征戰沙場的種種歷程，心灰意冷，遂脫下戰袍、頭盔，自剃鬚髮，穿上僧裝，裝扮成一名雲遊僧人，騙過層層遼兵，一路來到五臺山的太平興國寺，在五臺山當了和尚。

　　出家為僧，六根清淨，楊五郎整日青燈古佛、坐禪念經，過起了清心寡欲的佛家生活。但這種生活對這位忠心愛國、久經沙場的將軍來說，十分枯燥難耐。楊五郎在太平興國寺外興建了一個約九十平方米的練武場，請人打造了一根四十多公斤的鐵棍，率五百名精明強幹的青年僧侶習拳練武、操演陣法，隨時準備保家衛國，救黎民於水

火。

　　幾年後，遼軍再次攻宋，這次領兵的宋軍元帥是楊六郎。楊六郎和遼軍交手幾次，都未曾勝利，反而逐步被遼軍包圍在雁門關。楊五郎在佛門中得知此事，連夜點起五百僧兵，晝夜兼程，殺向雁門關。

　　雁門關外，宋遼兩軍鏖戰正酣，猛然從後方殺來一支僧兵，為首的正是楊五郎。遼軍主將一見心裡著慌，不敢戀戰，未及幾個回合，只聽「哱嚓」一聲，遼軍主將連人帶馬被楊五郎打死。因五郎用力過猛，鐵棍劈斷主將後，又把路邊一塊大石頭打得粉碎，鐵棍也給震出一條一尺多長的裂縫。

　　後來楊五郎在五臺山圓寂，人們把太平興國寺稱為「五郎廟」，把五郎廟所在的樓觀谷改稱「五郎溝」。現在五臺山上的龍泉寺原來就是楊家的家廟。

脫履小趾驗甲形

兩瓣小趾甲，同是山西人

今天的山西洪洞有一棵舉世聞名的大槐樹，這裡曾經是波瀾壯闊的洪洞大移民的基地。而在中國民間，關於洪洞大移民有一個說法最為有趣，光看小趾甲就可以知道你來自何方，這可信嗎？

「脫鞋！」

「幹嗎？」

「驗明正身！」

這可不是電影裡才有的情節，明朝初年，常年戰亂致使中國許多地方，特別是江淮以北大部分地區田地荒蕪、人煙斷絕。山西依靠大山大河的地理優勢，相對顯得安定，風調雨順，連年豐收。較之於相鄰諸省，山西經濟繁榮，人丁興旺。再者，外省有大量難民流入山西，致使山西成了當時人口稠密的地區。為了平衡全國經濟，明朝的開國皇帝朱元璋動用國家權力，強制山西人移民省外，開荒屯田。

洪洞大槐樹成了山西移民的一個中轉站，這場移民其實更像是囚徒遷徙，當時所有的移民都被雙手反綁，聚在大槐樹下，根據移民官

的分配，各自徒步到達分配的地方。這些移民遷往今天的北京、河北、河南、山東、安徽、江蘇、湖北、陝西、甘肅等十餘省的五百多個縣市。

傳說當年移民時，官兵用刀在每人的小趾甲上切一刀為記。至今凡大槐樹移民後裔的小趾甲都是複形（兩瓣）。「誰是古槐遷來人，脫履小趾驗甲形。」

這種說法也有另一個解釋，按照遺傳基因學的理論，只有純漢血統的人小趾甲才有兩個。漢血統不光指漢族，還有是蒙古人種等意思。

康熙尋父

老和尚原來是太上皇

　　在佛教聖地五臺山有一座鎮海寺，鎮海寺是黃廟，信奉喇嘛教。很多年來鎮海寺住持都是五臺山黃教的領袖，但鎮海寺裡還有個更高級別的人，他就是清朝入關後的第一位皇帝——順治。

　　清朝的故事數不勝數，留下了「宮廷四大謎案」，其中最為人們所津津樂道的就是「順治出家」。順治皇帝之後，康熙帝非常罕見地曾八次巡遊五臺山，民間相傳這是兒子來這裡尋找父親。

　　康熙尋父要從順治出家說起，順治帝幼主登基，六歲就當了皇帝，在位十九年，娶了十九個皇妃，但卻只喜歡其中一個董鄂妃。董鄂氏因病去世後，順治帝痛不欲生，為哀悼董鄂妃，他五天不理朝政，沒過多久，又追加晉封董鄂氏為皇后。順治帝當朝時就喜愛佛學，又常和高僧坐而論道，故當大好年華與自己最愛的人分別，他便對紅塵不再眷戀，將江山社稷放在一邊，離開朝堂，來到五臺山出家，終日誦經念佛，以斷卻自己對董鄂氏的思念。

　　康熙帝登基後，得到的答案是父親順治因病去世。但隨著年齡的增長，康熙帝對父親的死因越來越好奇。查遍當時的宮廷記錄，康熙

帝覺得有很多地方語焉不詳，便派出多名密探四處打聽順治皇帝的下落，終於得知他在五臺山出家。康熙二十二年（1683）二月十二，剛剛而立之年的康熙帝帶著皇子第一次來到五臺山。據傳，這次巡訪是兩位皇帝第一次相見，康熙帝淚流滿面，想邀請順治帝回宮擔任太上皇，安享晚年，卻被順治帝拒絕。父子只是相約在此家人團聚，不談國事。此後康熙帝又數次上五臺山，相傳就是來見自己的父親。

這一段故事也在梁羽生的武俠小說和金庸的武俠小說《鹿鼎記》中占有重要的分量。順治帝出家的地方便是如今五臺山的清涼寺。

相傳順治皇帝在五臺山多個寺廟修行過，現在五臺山的清涼寺大殿內還存有據說是順治皇帝所寫的一闋《歸山詞》。

事件

精衛填海

小鳥雄心填大海

　　山西省長子縣城西二十五公里處，有一座發鳩山，山頭霧罩雲騰、翠奔綠湧。這裡曾經誕生過一個美麗的神話。千百年來，神話的主人公已經成為中華民族精神的象徵。

　　相傳炎帝有兩個女兒，大女兒叫瑤姬，小女兒叫女娃。女娃天真爛漫，性格倔強，深受炎帝的喜愛。

　　一天，女娃獨自駕著一隻小船去東海玩，突然海上風雨大作、波濤洶湧，大浪把她的小船打翻了。女娃被海浪無情地吞噬了。

　　女娃雖然溺死，但她哀怨不平的靈魂變成了一隻花腦袋、白嘴殼、紅色爪子的小鳥，棲息在發鳩山上，因為經常發出「精衛、精衛」的叫聲，人們就管這種鳥叫「精衛」或「精衛鳥」。

　　精衛發誓要報仇雪恨，牠銜取一個個小石塊或是一段段小樹枝，然後從發鳩山飛向東海，投入吞噬她的海水中，牠發誓要把海水填平。從發鳩山到東海，有千里之遙，往返一次要十多天，但精衛就這樣日復一日、年復一年地堅持著。

大海奔騰咆哮著，東海龍王嘲笑牠說：「小鳥呀，你就是填上一百萬年，也不可能把大海填平。」精衛在空中回應：「哪怕是填上一千萬年、一萬萬年，我也把你填平！」

後世常以「精衛填海」來表達意志堅決，不畏艱難。

精衛填海

垂裳而治

漢服之祖，黃帝設計

中國人常稱自己為炎黃子孫，關於黃帝、炎帝是哪裡人，史學界有多種看法。在今天的山西襄汾縣東南二十公里接曲沃縣界有一座黃帝陵，而在山西高平市有一座炎帝陵，這符合炎黃生活在黃河流域的事實。

黃帝時期，氏族部落林立，征戰頻繁，男性的力量日益凸顯，父系社會逐步替代母系社會，人們漸漸學會將採集到的野麻纖維抽取出來，用石輪或陶輪搓撚成麻線，然後再織成麻布，做成衣服，以與原先的獸皮衣互為補充，衣服的樣式也由簡單到複雜。

黃帝統一中原後，迎來天下太平，黃帝開始實施他治理天下的方略。他首先從人們穿的衣服開始，黃帝看到人們當時所穿的衣服在行走奔跑時常會將私處暴露無遺，便別出心裁，教人們把裹身的獸皮麻葛分成上下兩部分，上身為「衣」，縫製袖筒，呈前開式；下身為「裳」，前後各圍一片起遮蔽之用，兩端開叉。這種上衣下裳的形制，是中國古代最早的服裝款式。之後中國人的漢服在此基礎上創立，寬衣大袍傳了數千年。

垂裳而治

「垂裳而治」中「垂」是垂示的意思,「垂衣裳」謂定衣服之制,示天下以禮。穿衣裳與治理天下有什麼關係?由黃帝「垂衣裳」開始,雖然初衷是為了禦寒,但有了衣服,人們就會遮羞,逐漸知榮恥,從而結束了散亂無序、不知禮的狀態。

後人常用「垂裳而治」以稱頌帝王無為而治。

洞房花燭

堯王洞裡娶仙子

　　說起洞房，大家都知道是新人成親後的臥室。但歷史上第一個洞房在哪？婚房為什麼叫洞房？史書有載，第一個洞房就在今天的山西臨汾市姑射山。

　　話說堯帝統一了中原，但當時水旱災害頻繁，導致民不聊生、生靈塗炭，天災成為堯帝面臨的最大難題。有一天，堯帝來到今天的山西臨汾一帶巡視，發現這裡的百姓生活安穩，並沒有受到災荒的影響。一打聽，才知道原來是附近的姑射山中有一位鹿仙女常年為這裡的百姓禳災祈福。堯帝想見一見這位鹿仙女，牧民們搖頭說，這位仙女只保佑普通百姓，像堯帝這樣的首領她是不見的。

　　堯帝想了個法子，換上老百姓的衣服，不帶隨從，自己一個人到姑射山訪察。走到山腰，他發現一個山洞，遠遠看見林邊草坪上有一個青年女子翩翩起舞。只見這位女子輕輕一跳就到了樹梢，跨步一躍就過了溪水，而且身邊總有一隻小鹿陪伴著她。堯帝心想這一定就是鹿仙女了，便上前向她打躬施禮，假說自己是附近山民，來山上採果子。鹿仙女見他氣度不凡，便和他聊了起來，一聊兩人情投意合，當

晚堯帝就留宿仙洞中。第二天，堯帝勸說鹿仙女下山生活，鹿仙女說：「這裡逍遙自在，無人打擾，在山上多好。」無奈之下，堯帝告訴了她自己的身分。鹿仙女一聽這個人是堯帝，因之前已經聽過他的許多豐功偉業，打內心裡敬佩他匡扶天下的大志，便表示自己甘願扶助堯帝光大帝業。二人遂訂立婚約，擇定吉日成婚。為了紀念兩人的相識，堯帝與鹿仙女雙方將仙洞布置成為新房，點上了燭火來照明。後人便稱這新婚之夜為「洞房花燭夜」。

洞房花燭

畫地為牢

皋陶造獄法律存

　　關押犯罪人員的地方叫監獄，在山西洪洞縣，有一座距今已有六百多年歷史的明代監獄（即「蘇三監獄」），以全國唯一保存完整的古代監獄而著稱。

　　隋《廣韻》記載：「獄，皋陶所造。」中國民間把監獄又叫作「牢房」，中國歷史上最早的牢房就是像《西遊記》裡孫悟空那樣，在地上畫一個圈。

　　據《山西通志》和《洪洞縣志》記載，皋陶出生在今天山西洪洞縣南七點五公里的皋陶村（因皋陶當過士師，又叫「士師村」），現在村裡還有皋陶墓等遺址。

　　皋陶在舜帝手下擔任司法官，與堯、舜、禹同為「上古四聖」，被史學界和司法界公認為「司法鼻祖」。傳說皋陶手下有一隻神獸獬豸。這獸只有一隻角，它很有靈性，當面對難以判決的案件時，皋陶就把這隻獸放出來，如果那人有罪，這獸就會用那隻獨角來提醒皋陶。

皋陶便在地上畫一個圈，讓有罪的人站在其中，自己反省，這也成為最初監管犯罪之人的囚禁場所，中國從此有了監獄。「皋陶造獄，畫地為牢」正式流傳下來，而造獄的先驅皋陶，則被尊為獄神。現在洪洞縣城的中心廣場，還有皋陶的巨型石塑像。

　　後人以「畫地為牢」來比喻只許在指定的範圍內活動，不得逾越。

畫地為牢

克勤克儉

治家治國，四字良方

　　勤儉節約是中國人的傳統美德，但這個品質的根源在哪裡，要從上古時期的堯、舜、禹說起。四千多年前的堯、舜、禹時代，黃河流域洪水氾濫成災，中原地區（今山西、陝西一帶）的百姓愁苦不堪，被迫搬到高地上去生活。

　　大禹的父親鯀在舜帝手下負責治水，但治了九年，沒有什麼成效，被舜帝判處死刑。大禹繼承父親的工作接著來治水。

　　大禹只能盡力而為，當時他剛剛結婚，為了治水，他毅然離別了新婚妻子，整天住在工地上。他很快找到了父親治水失敗的原因：洪水不能堵而要疏。他帶領老百姓挖渠築壩，疏通江河，引水入海。經過十三年的艱苦努力，他終於制服了洪水。

　　這十三年，大禹曾三次路過自己的家門都沒有進去看一下。

　　大禹治水成功，得到了人民的擁護，舜見他是個有才德的人，便要把帝位讓給他。舜說：「大禹是個賢人，賢人的標準是對國事很勤

勞、不懶惰，而對家事很節儉、不揮霍。」

　　克勤克儉，「克勤於邦、克儉於家」，「克」是能夠的意思。從此克勤克儉成了中國人的模範品質。

化干戈為玉帛

放下拳頭握手言和

中國歷史上第一個世襲制朝代夏朝的主要疆域就在今天的山西南部，它的開創者就是大名鼎鼎的大禹及其後人，而在開創夏王朝的過程中，大禹還實施了中國歷史上第一次大規模對外開放政策，實現了與周圍國家的友好相處。

夏王朝建立前，還是夏氏部落聯盟，大禹的父親鯀是部落領袖。當時他為了保衛領地，建造了三仞（八尺為一仞）高的城牆，鑄造了許多兵器。

他屬下的部落一看到這種情況，紛紛要離他而去。大家覺得一方面鯀的勢力在擴大，自己受到了威脅；另一方面城牆太高，讓他們互相之間不好交往。而別的部落對他則虎視眈眈，認為修造這麼高的城牆，一定是裡面有很多寶貝。夏氏部落一度危機四伏。

後來，鯀因為治水不利而被處死。兒子禹當了首領，他敏感地瞭解到夏部落的危機，就馬上派人拆毀了父親鯀所築建的城牆，填平了護城河，還把自己的財產分給大家，毀掉了所有的兵器，對天下擺出歡迎的姿態，於是，大家都相安無事，別的部落也願意前來歸附。禹

就此安穩了人心。

對於前來歸附的部落，大禹與之互相贈送玉帛珍寶，關係越來越緊密，最終，禹與眾多部落結為盟友，為夏王朝的建立奠定了基礎。

干是盾牌，戈是兵器，玉帛即玉器和絲織品。化干戈為玉帛就是變刀兵相見為玉帛相往，後人用此來比喻化解戰爭變為和平或變爭鬥為友好。

桑林禱雨

湯王祈雨，千年桑林

　　走在今天的山西晉城市陽城縣，會發現一個奇怪的現象，這個只有三十九萬人的縣城，卻有一百多座寺廟，更奇怪的是，這些寺廟供奉的並不是佛道眾神，而是一位歷史人物——商朝的開國君主成湯。經專家考證，山西陽城縣析城山地區是三千六百多年前商湯禱雨的地方，陽城縣蟒河鎮還有一個桑林村。

　　據史籍、碑誌記載，宋元以來，陽城的湯廟最多時曾達三百八十多處。許多湯廟中至今還保存著大量碑碣、門額和楹聯，不少出自歷代名人之手，而在陽城歷史上碑傳記載的官方祭祀活動都影響深遠，關於湯王禱雨的民間傳說更是俯拾皆是，形成了陽城獨有的商湯文化現象。

　　據史書記載，商代開國之君成湯當政的時候，恰逢商朝遭遇了連續七年的大旱，很多地方五年顆粒無收，百姓到了生死的邊緣。作為一國之君，成湯決定親自祭祀求雨，他選擇在一片桑樹林中設祭壇。經過一系列祭天儀式，他對上天說：「如果上天這次大旱是對我個人的懲罰，那麼請不要殃及百姓，我願意一人接受懲罰；如果是百姓有

罪，上天要懲罰，我是大家的國君，理應由我一人承擔。」成湯向天自責，這種勇於犧牲的精神，受到人民的敬佩和頌揚。這次祈雨過後不久，天降甘霖，成湯也成為一代開明的國君。

在今天的陽城縣，當年祈雨的桑林如今成就了知名一方的產業，從那時開始養蠶繅絲成為這裡家家戶戶都會操弄的副業。在陽城縣博物館裡，有一個四千五百年前的石磬，相傳這就是湯王禱雨桑林時的樂器。

桑林禱雨

秦晉之好

春秋兩霸，三次結親

山西簡稱「晉」，陝西簡稱「秦」，這都是源自春秋戰國時植根在這裡的兩個諸侯國。當時，秦晉相隔一條黃河，風貌卻大不同。一個是中原腹地，一個是西戎邊陲，而兩國卻結親了，而且由此開創了兩國相繼的霸業。

春秋時期的諸侯格局類似於中世紀的歐洲，諸侯國貴族之間常常用婚姻來加強兩國關係。晉獻公娶了東邊齊國齊桓公的女兒齊姜，在中原迅速崛起。西邊的秦穆公為求將來與中原友好，效仿他的做法，準備與強大的晉國聯姻，他向晉獻公求婚，晉獻公就把自己的大女兒嫁給了他，兩國結為親家，這是秦晉之好的開端。

晉獻公執政晚期，年邁昏庸的他要立小兒子為國君繼承人，從而殺死了當時的太子申生。於是，另外兩個兒子夷吾和重耳分別逃離了晉國。夷吾求助在秦國的姐夫秦穆公，並在晉獻公死後，許以割讓河東五城作為條件，得到了秦穆公的幫助，順利繼承了王位，做了晉國國君，是為晉惠公。

沒多久，秦晉因為領土問題發生矛盾。夷吾讓自己的兒子公子圉

到秦國做了人質，為了鞏固兩國關係，秦穆公又把自己的女兒懷嬴嫁給了公子圉。這在當時的社會來說，是一件親上加親的事。但夷吾死後，公子圉馬上丟下懷嬴，一個人偷偷跑回晉國登基，成為晉懷公，從此與秦國再不往來。

秦穆公連續兩次押寶失敗，決定要幫助重耳當上晉國國君，他開始了第三次聯姻。他將懷嬴改嫁給夷吾的弟弟重耳，就這樣重耳又當上了晉國的新國君，成為有名的「春秋五霸」中的晉文公，秦晉兩國遂和好如初。

「秦晉之好」代表的是一種政治上的聯姻，是國家之間的聯合，現也用來泛指男女之間的婚姻。

表裡山河

三晉大地，天然屏障

　　山西的地形輪廓似一個平行四邊形，這源於它天然的地理特徵，西南是黃河分隔，東北有太行山脈做屏障，境內還有呂梁山脈等。當年春秋爭霸時，正是憑藉這樣的優勢，以晉國為根據地的晉文公才成為一代霸主。綜觀歷史，這裡也造就了許許多多的王朝霸業和蓋世英雄。

　　當時，晉文公稱霸面臨的最重要敵人是南方的楚國，楚國兵強馬壯，連周王室都不放在眼裡。晉文公對與楚國交戰心裡沒底，猶豫不決。這時他的舅舅狐偃力挺外甥：「打吧！打勝了，晉國將得到諸侯的擁護；即使打敗了，晉國表裡山河，地勢險要，足可據守。我們早已立於不敗之地，沒有什麼可怕的！」

　　狐偃所說的「表裡山河」，表裡即內外，意思是說晉國外有黃河，內有太行、呂梁，晉國以此天險為屏障，進可攻、退可守，很形象地道出了它在地理環境方面的戰略優勢。

　　晉文公由此下決心與楚國在城濮決戰，晉軍大獲全勝，晉文公得

到諸侯的擁護成為霸主，奠定了晉國的百年基業。

後人用「表裡山河」來形容有山河天險作為屏障。

狐偃勸說晉文公

相敬如賓

賢妻待夫如待客

在夫妻相處之道上，有一個正能量的典型例子，這對夫妻來自春秋時期的晉國，他們的故事造就了一個成語「相敬如賓」。

郤缺出身大夫之家，二十歲之前吃喝不愁，前途無憂。沒想到禍從天降，一天其父晉國大臣郤芮因罪被殺，全家都遭殃，郤缺被廢為平民，務農為生。從只知寫字作畫到躬耕農田，郤缺卻沒因此而怨天尤人，他一面勤懇耕作，養家糊口，另一方面不忘繼續讀書修身，終成遠近聞名的大學者。

一次郤缺在田間鋤草，到了午飯時間，媳婦看他沒回來，就把飯送到了地頭。一看，他正在看書。媳婦見狀，十分恭敬地跪在他面前，送上了一碗糙米飯。郤缺一看媳婦來，才知道自己忘記了時間，連忙接住，頻致謝意。夫妻倆就在田間地頭吃起了糙米飯，倒也吃得有滋有味。

這一幕感人場景正好被路過此地的晉國大夫臼季看到。看到鄉野之中還有如此相互禮讓的家風，臼季上前攀談，一聊才發現這是原來同僚郤芮的公子，認為其真是不辱家門。經過攀談，臼季認為郤缺上

通天文、下知地理，是治國之才，便極力舉薦他當官。後來郤缺立大功，升為卿大夫。

　　相敬如賓讓丈夫重獲新生，這夫妻之道反映的不僅僅是恩愛，還有教養。後人用「相敬如賓」來指夫妻互相尊敬、愛護、很客氣，像對待客人一樣。

相敬如賓

晉陽之甲　榆次之辱

地理名稱背後的歷史大事

春秋後期，晉國內政昏亂，國君式微，有權力的大臣都在爭權奪利，百姓苦不堪言。晉國當時的主要權力集中在六位世襲大臣的手中。

趙鞅即趙簡子，是朝廷重要的執政大夫，當時他被另外兩位大臣聯合起來攻擊，無奈逃回了自己的封地晉陽（今山西太原）。回到自己的根據地，趙鞅找來了自己的士兵，反擊對手。但當時晉國國君尚在，於是趙鞅就找到一個「清君側」的理由，帶著自己的部隊向晉國都城進發，並最終打敗他們，驅除了把持朝政的幾位大臣，自己執掌了晉國的大權。這是歷史上最早的地方實力派對朝廷用兵，此後，人們用「晉陽之甲」來形容地方官吏因不滿朝廷而舉兵。

「榆次之辱」則發生在戰國時期，當時燕國著名的武士荊軻遊歷經過榆次。在這裡，他碰到了當時最有名的劍客，秦國第一劍客蓋聶。當時還默默無聞的荊軻見到自己的偶像，便上前去談論劍術。心高氣傲的蓋聶不僅沒有理他，還瞪了他幾眼。荊軻沒有再說下去，便匆匆告辭。有人勸蓋聶，對一個後輩何必這樣嚴厲，想讓蓋聶召回荊

軻。蓋聶不以為然：「很多人都想和我談論劍術，我都是用眼瞪他們，要是敢繼續談下去的，是真勇士，要是被這麼一瞪就離去的，也不值得來談論劍術。」

蓋聶認為荊軻是被他的眼神嚇走了，但後來的事實表明，荊軻並非膽小之人，他刺秦一舉，千古留名。所以，在榆次時蓋聶不屑於和自己談論劍術，對荊軻來說無疑是一種羞辱。後人用「榆次之辱」來形容無故受辱。

知恩圖報

餓漢還恩義，一飯換一命

　　現在人常說知恩圖報，但報答恩情的方式有千千萬，堪稱史上報恩之最的是發生在春秋時晉國正卿趙盾身上的事。

　　趙盾是晉國正卿，晉王身邊的紅人，有一次他在首陽山（在今山西永濟市東南）打獵時看到農田邊躺著一個人，面黃肌瘦，氣喘吁吁，便上前打問。這個人看著眼前來人身穿華服，非富即貴，也沒有隱瞞，就說：「我已經三天沒有吃東西了。」趙盾馬上讓隨從拿來食物給他吃。但他並沒有狼吞虎嚥，而是只吃了一半，然後將另一半仔細包裹好放在了一邊。

　　趙盾不理解，問他為什麼不吃完。他告訴趙盾，自己已經離家三年了，現在正在往家走，不知道這些年家裡的母親是否還活著，如果活著，自己想把留下的食物送給母親，算作回家的禮物。趙盾一聽，被他的孝心感動，又叫隨從準備了一籃子的飯和肉，送給這個人。

　　幾年後，趙盾的權勢越來越大，威脅到了國君晉靈公。晉靈公想殺趙盾，便派出了刺客去暗殺。趙盾沒有防備，刺客突然出刀，危急關頭，突然他身邊的一個武士跑出來擋在了趙盾面前，替趙盾受了一

刀，趙盾得以僥倖脫險。

　　事後，趙盾萬分感謝這名武士，詢問他為何這麼勇敢，竟不顧自己的安危來保護他。這名武士沒有多說什麼，只是回答：「大人，我就是當年您在農莊救過的那個餓漢。」傷癒後，他沒有受趙盾的賞賜，悄悄離開了。這名武士就是春秋時代著名的俠士——靈輒。

　　後人用「知恩圖報」來形容得到別人的恩德要懂得回報。

賓至如歸

拆牆引發的外交糾紛

晉國自晉文公成為「春秋五霸」之一後，逐漸強盛，成為周邊不少小國進貢的對象。作為大國，晉國在外事招待上有時候就分開了等級，這導致了一場春秋時的「外交糾紛」。

鄭國子產奉鄭簡公之命出訪晉國，帶去了許多禮物。但到了晉國，他們卻沒有受到應有的迎接。一打聽，原來晉平公正在為另一個大國的國君魯襄公的逝世搞全國哀悼，因此怠慢了小國鄭國。

子產不動聲色，命令隨行的人員把所居住的晉國賓館圍牆拆掉，驅車進入，放下禮品。晉平公得知這一消息後，不知鄭國這是什麼意思，連忙派大夫士文伯到賓館打探。

士文伯說：「我國是諸侯的盟主，來朝見的諸侯官員很多，為了防止盜賊，保障來賓安全，特意修建了這所賓館，築起厚厚的圍牆。現在你們把圍牆拆了，是什麼意思呢？其他諸侯來賓的安全怎麼辦？」

子產不卑不亢：「我們鄭國是小國，需要按時來向大國進獻貢

品。這一次我們帶了從本國搜羅來的財產前來朝會，偏偏遇上你們的國君沒有空，既見不到，也不通知我們會面日期，甚至都沒有迎接。我聽說過去晉文公做盟主的時候，自己住的宮室是低小的，接待諸侯的賓館卻造得又高又大，賓客到達的時候，樣樣事情有人照應，能很快獻上禮品。他和所有諸侯國都是休戚與共，對他們一視同仁，賓客來到這裡就像回到自己家裡一樣。可是，現在的晉國，宮室金碧輝煌，而讓諸侯住的賓館卻進不去車子，也沒有人招呼迎接。我們如果不拆掉圍牆，讓這些鄭國上下收集來的禮物日曬夜露，就是我們的罪

賓至如歸

過了。如果讓我們交了禮物，我們願意修好圍牆再回去。」

聽到鄭國使者這樣說，晉平公感到慚愧，馬上接見子產，隆重宴請，給予豐厚的回贈，還重新建造了賓館，並下令：今後接待賓客，必須熱情。

後人用「賓至如歸」形容招待客人熱情周到。

中山狼和河東獅

動物寓言有深意

古代很多諺語都是用各種各樣的動物來比喻人，褒義的如千里馬、孺子牛，也有貶義的，如河東獅、中山狼。其中中山狼的故事就和戰國時趙簡子有關。人們常說的東郭先生與狼的寓言故事也是脫胎自中山狼的故事。

趙簡子是春秋後期晉國卿大夫，六卿之一，戰國時代趙國基業的開創者。一天，趙簡子帶著隨從在中山國打獵，射中了一隻狼。中箭後的狼倉皇逃走，趙簡子帶著隊伍在後面追。

這時候，東郭先生牽著驢正在山間小道上走著，驢子的身上駄滿了一袋子書。突然見到前面煙塵四起，東郭先生不明白發生了什麼。一眨眼的工夫，那只中箭的狼已經來到了東郭先生面前。見到東郭先生一臉讀書人的單純和善良，狼懇求說：「一看先生就是良善之士，現在我正處於危難之際，先生能不能救我一命？」

東郭先生一時心軟，便動了惻隱之心，把驢駄著的書袋子解下來，去掉裡面的書，將狼塞了進去。

這時，趙簡子和狩獵的隊伍已經趕到了。趙簡子問東郭先生是否看到一隻中箭的狼。東郭先生搖搖頭，並說路口多了羊都找不見，何況中山這地方道路崎嶇，狼早已經跑沒影了。趙簡子聽罷，想想有理，調轉馬頭，帶著隊伍回城了。

　　看著趙簡子的隊伍遠去，東郭先生鬆了一口氣，將狼從書袋中放出來，讓牠趕緊走。但那狼卻並沒有動地方，而是張開大嘴撲向了東郭先生。東郭先生一邊跑一邊問：「我救了你，你為什麼還要吃我？」狼奸笑著說：「既然你救了我，就好人做到底。我現在受傷了，肯定找不到吃的，不如你讓我吃了，避免我餓死在路上。」

東郭先生

東郭先生不辨是非，對惡狼也施以關愛，因而險遭厄運。後人用「東郭先生」泛指對壞人講仁慈的糊塗人，比喻不分善惡、濫施仁慈的人，而把「中山狼」比作那種忘恩負義，恩將仇報的人。

北宋時期，大文豪蘇軾有個朋友叫陳慥，為人豪爽，風度翩翩，但他的夫人柳氏卻是一個出了名的悍婦、妒婦，有時候客人來拜訪，柳氏也不顧夫家的面子，依舊我行我素。而陳慥對夫人也很有幾分畏懼。有一天晚上，陳、蘇二人請了歌女來歡歌宴舞、談佛論道，不想被夫人發現。她拿起木杖大喊大叫，用力捶打牆壁，弄得陳慥很尷尬。第二天，蘇軾在一首詩中同情地寫道：「忽聞河東獅子吼，拄杖落手心茫然。」

獅子吼，本是佛家用語，意思是佛祖在眾生面前講法無所謂畏懼，像獅子大吼。而河東（今山西運城）是柳氏的郡望，陳慥夫人的家鄉。從此，「河東獅吼」的綽號威名遠揚，後世「河東獅」就成了所有個性兇悍的妻子的代稱。

華而不實

趙氏孤兒絕非徒有其表

《趙氏孤兒》是大家耳熟能詳的故事，山西盂縣的藏山，傳說就是因藏匿趙氏孤兒趙武而得名。孤兒趙武在殺掉仇人之後，如何重振家業呢？與他同朝為官的一堆叔叔輩的同僚給了他最好的忠告。

趙武十五歲步入政壇，二十歲剛過他就舉行了弱冠之禮。趙家幾代都是晉國的上卿，在官場人脈極廣。趙武隨後拜訪當年父輩、祖父輩的官員，希望得到他們的支持，哪曾想他碰到的都是難聽話。

欒武子曾經當過趙武父親趙朔的副官，看到趙武來，一點也不客氣，略帶譏諷地說：「小夥子，你帽子很美啊！以前我跟著你父親，他外表也是很美，但華而不實，最終為奸人所害，你可別像他那樣，多幹點實事吧。」

原來當年趙武的父親趙朔繼承家族的爵位，年紀輕輕就貴為上卿，長相又威武，在朝廷上一時成了紅人，但面對另一名大臣屠岸賈的奸計，他沒有採取任何預防措施，最終被屠岸賈設計殺害，趙家也被滅門。

趙武聽到欒武子的話，感到震驚。隨後，他又遇到了幾位當年和自己的爺爺、父親一起為官的好友。大家都是在誇他相貌的同時，婉轉地提醒他要更加注重內在的修為。

　　趙武聽從了大家的規勸，由此從大夫、新軍將、上軍將，一點一點靠著軍功升職，終於在二十五年後達到了極點，成為晉國三軍元帥兼執政官，執掌晉國國政。

　　後人用「華而不實」來形容表面很有學問，實際腹中空空的人。

外強中乾

鄭國駿馬中看不中用

晉國是春秋時期的諸侯國，前後延續近七百年。晉國發生過很多大家耳熟能詳的故事，「外強中乾」就是其中之一。

晉獻公晚年寵愛自己新娶的妃子和這個妃子的孩子，為了討好他們，晉獻公對其他兒子進行了迫害。晉公子們紛紛逃亡，公子夷吾跑到了秦國。

當時秦國國君秦穆公和晉國相交甚好，看到晉國的公子來求助，他義不容辭地接納了他。夷吾像找到了一根救命稻草，就隨口對秦穆公說，若是有一天自己能夠有機會回國當上國君，就割讓晉國五座城池給秦國，來報答秦國。

幾年後，晉獻公死了，晉公子夷吾結束逃亡生活，回到晉國繼承王位當上了國君，史稱晉惠公。

自己當家做主後，晉國的領土就都是自己的了，夷吾也就沒有那麼大方了，他假裝忘記了當初的承諾，這讓當初對他伸出援手的秦穆公很不滿。沒多久，秦國發生了饑荒，秦穆公派人來和晉惠公求援，

晉惠公拒伸援手。

秦穆公發怒了，發兵攻打晉國。晉惠公覺得秦國剛剛發生了饑荒，很容易被打敗，於是自己親自帶兵抵禦。他挑選了最優秀的士兵、最俊美的鄭國戰馬，要打個漂亮仗。這時一個大臣勸他說：「鄭國的馬看上去很俊美強壯，但大多數是儀仗隊所有，實際上很虛弱，打仗並不適用。」

晉惠公一心想在戰場上贏得漂亮，漂亮的戰馬才配得上自己親征的陣勢，他沒有聽從大臣的勸告。結果戰爭一開始，這些戰馬和晉惠公一樣，一觸即潰，晉惠公本人也被秦軍抓住，成了俘虜，晉國因此被打敗。

後人就用「外強中乾」來形容外表強大，實際上內部力量空虛。

士為知己者死

刺客報恩引千古一歎

　　在今天的山西太原市晉源區有一個叫「赤橋村」的地方，據縣志記載，歷史上這裡曾經有過豫讓橋、智伯渠、報恩祠等。豫讓並不是什麼國君名將，而是一名刺客。為什麼要以刺客的名字來命名一座橋呢？因為這個刺客身上體現了中國傳統文化中的俠義和感恩精神。

　　春秋末年，晉國的大權被趙、范、中行、智、魏、韓等六家上卿把控。他們彼此爭權奪利，智伯算其中勢力最大者。本來他欲聯合魏、韓兩家來進攻駐守晉陽（今山西太原）的趙襄子，不想卻被趙襄子施反間計，為韓、趙、魏三家聯合所滅。趙襄子為了解恨，還把智伯的頭蓋骨刷上油漆做成了酒具，也有人說，是做了夜壺。

　　智伯霸道蠻橫，趙襄子絕處逢生，在眾人眼裡這是值得慶賀的事，但在一個人眼裡，趙襄子的行為是他的奇恥大辱。這個人就是智伯的門客豫讓。智伯兵敗後，豫讓逃到了山裡。看到曾經的主公落得這般田地，豫讓決心為主公智伯復仇。他改姓更名，假扮成服勞役的犯人潛入晉陽，混到趙襄子的宮裡去粉刷廁所，身上藏著尖刀，伺機要殺死趙襄子為智伯報仇。

趙襄子身邊防護緊密，豫讓的計畫功虧一簣，他被趙襄子的侍衛抓住。他承認自己是來為智伯報仇，現在被抓無話可說，只求一死。趙襄子聽說豫讓的故事後，卻下令放人，他說：「智伯死了，沒有後代來找我報仇，你一個門客這樣忠心實在難得。」

獲得自由的豫讓並沒有因此罷手，他拔掉了眉毛和鬍子，又在身上塗滿油漆，弄成仿佛中毒後的樣子。為了驗證整容效果，他假扮成乞丐去要飯，走到自家門口，連他妻子都認不出來。為了更加隱蔽，他又吞火炭把嗓子弄啞。他受盡折磨，面目全非只為刺殺趙襄子。這天，豫讓潛伏在趙襄子的必經之路上，但刺殺計畫仍然沒有成功，他再次被趙襄子的隨從抓住。

一看還是豫讓，趙襄子大驚失色：「豫讓，你要報仇，寡人是理解的，念你是個忠良之士，放過了你，但寡人實在不明白，你先前不也服務過其他主公嗎？智伯也是殺了你的其他主公，你才跟隨他的，為什麼你不替他們報仇，反而只忠於智伯，拼死拼活要為他報仇呢？」豫讓驕傲地說：「士為知己者死，女為悅己者容。我原來在其他人那裡，他們是拿我當普通人對待，但智伯是拿我當國士對待，我當然要拿出國士的態度來回報他。」

兩次被抓，豫讓知道自己不可能復仇成功，他向趙襄子求速死。襄子聽了，淚流滿面。豫讓懇求趙襄子脫下外衣，以了卻他一樁心願。豫讓把劍拔出，揮劍三次擊斬趙襄子的衣服。他一邊行刺一邊哭：「智伯，我報答了你的恩情，我們天上見。」三劍之後，豫讓從容自刎。

後人用「士為知己者死」來指甘願為賞識自己、栽培自己的人獻身。

彈丸之地

弱國難逃割地賠款

人們常說一個地方是彈丸之地，那麼彈丸之地到底有多大？又分布在哪裡呢？其實「彈丸之地」一詞的由來就在晉東南地區，這彈丸之地並不小，足足有六座縣城。

「戰國七雄」對峙時期，烽煙四起，各國都忙於備戰和應戰。趙國（現山西、河北一帶）作為「七雄」之一，正面臨著來自西邊的另一個大國秦國的威脅。秦、趙二國在趙國的長平（今山西高平）進行了大決戰，結果趙軍被打敗，趙軍主力被消滅。

此時，趙國上下慌作一團，再戰，沒有可用的兵士；談和，卻面臨著只能屈辱地同意任何要求。果然，秦國圍攻了趙國的首都，趙國不得已同意講和。秦國開出的條件是要趙國六座城池。城下之盟，無奈之舉，趙王只好割讓了六座城池給秦國，秦國這才退兵，趙國首都得以解圍。

沒有一個君主願意當割地賠款的負責人，割讓城池後，趙王召集群臣商議，其中大臣虞卿談起此事，分析說：「秦軍退兵，大王認為是他們因為得到了六座城池，還是因為疲倦了？」趙王說：「秦軍一

向攻城掠地，如果他能打得下來，肯定是不會和談的。現在退兵，肯定是因為他們征戰已久，又久攻不下。」虞卿由此向趙王進諫：「秦軍打仗得不到的城池，我們卻白送給他，折損了我們的實力，增長了對方的軍力，這太不合算了。我看啊，得了這個便宜，明年秦國還會再來打我們。」

虞卿這番話讓趙王心驚膽戰，覺得自己當初的決策失誤，頓時汗流浹背。這時，大殿下另一位臣子高聲喊道：「大王，虞卿說得不對。」趙王一抬頭，是大臣趙郝，他當時是主和派，他說：「當時，秦軍圍困著都城，如果不割讓城池，首都就可能淪陷，即便當時守得住，但我們已經沒有了可用之兵，秦軍回去休整下，再來打，我們還是要割地求和。這六座城雖然不小，但對於整個趙國來說卻是彈丸之地，現在給了秦國，我們爭取到了練兵緩口氣的時間，是保全了趙國。」

彈丸，彈弓所用的鐵丸或泥丸。後人用「彈丸之地」來形容地方非常狹小。

自慚形穢

和史上「第一美男子」比美

中國古代有名的美男子當屬西晉時河東安邑（今山西夏縣）的衛玠了，他是晉代名士，位列中國古代「四大美男子」之首。如此相貌出眾之人，總有人想要來挑戰、比試。

衛玠從小到大都是以帥著稱的，甚至他母親在給他梳頭的時候都說：「你是衛國第一美男子，要隨時注意自己的形象。」帥首先要有自信，天天被別人稱讚帥，衛玠也越來越有魅力，走到大街上，回頭率百分百，所有人看到他都停下腳步，男人們都發自內心地嫉妒，女人們則發出「如果能嫁給他便此生無憾」的感慨。

有一天，衛玠投奔舅舅王濟。王濟是驃騎將軍，長得也很英俊，心裡一直不服氣，覺得外甥沒有自己帥，但此次見面一看，衛玠果然眉清目秀、風度翩翩，他對衛母說：「大家都說我相貌過人，與外甥一比，我真是太難看了。」

過了幾天，王濟帶衛玠騎馬去拜見親朋好友，這一出門，相貌更勝一籌的衛玠得到了更多的讚揚，而且衛玠還談吐文雅、知識淵博，這讓舅舅王濟感慨萬分：「衛玠和我站在一起就像明珠、寶玉在我身

邊一樣，和他一起走，就好像有一顆明珠在身邊閃耀發光，和他相比，我真是自慚形穢。」

後人用「自慚形穢」來形容因為自己不如別人而感到慚愧。

天衣無縫

神仙裁出無縫衣

　　現代影視文學作品中，男女愛情大多是從邂逅開始。在唐朝時，并州（今山西太原）一位名叫郭翰的帥哥，他的豔遇令人驚奇，他遇到了一位當時頂尖的「時裝造型師」。

　　夏日的一個夜晚，郭翰正在院子裡乘涼，朦朦朧朧打瞌睡的時候，突然身邊出現了一位大美女。郭翰以為自己在做夢，揉揉眼睛，一看，果然有一位穿白衣的美女正在對自己微笑。郭翰上前笑著問：「美女，你這是從哪裡來，要到哪裡去呢？」

　　哪知這大美女一開口便說：「我是神仙，是天上的織女，聽說你人不錯，我就是來找你的。」

　　郭翰以為這女子在說笑，就說：「你要是神仙，天上那麼好，為什麼還要來人間呢？」

　　仙女答道：「天上再好，待久了也會寂寞，所以到人間來玩玩。」

　　郭翰聽仙女這麼說，膽子就大了起來，上前和仙女討要仙丹，他說：「既然你是仙女，天上有長生不老的仙丹，你帶下來了沒，給我

嘗嘗也好。」仙女依然不慌不忙，說天上的仙丹一到人間就失去靈氣，沒有功效了。

郭翰不甘心：「你既沒有仙丹，又沒有法術，憑什麼說你是來自天上呢？」

這個時候，仙女嫵媚一笑，招手讓郭翰來到她的身前看她的衣服，說：「你在人間看到過這樣的衣服嗎？」郭翰走近一看，才發現

天衣無縫

仙女的衣服是沒有縫的，堪稱當時最炫的時裝。郭翰頓時被這位神仙姐姐迷戀，兩人共浴愛河。

第二天早上，郭翰一睜眼，床邊只留下餘香，而那位仙女已經消失不見。後來，郭翰得知這位仙女是織女，她每天晚上都來陪郭翰共度良宵。或許是天宮的日子太寂寞了，在人間的這幾日，織女感受到了許久沒有的快樂。但好景不長，織女偷跑的事情被天宮發現了，她被迫與郭翰分別，而郭翰也因此鬱鬱而終。

後人以「天衣無縫」來比喻事物周密完善，渾然一體，沒有破綻。

白雲親舍

狄仁傑與《故鄉的雲》

　　說起槐樹，山西太原人對它格外親切，這不僅是因為它在太原的大街小巷隨處可見，而且國槐還是太原的市樹。在太原市城南狄村街上有一處唐槐公園，這裡面有一棵古槐樹已經有一千三百多年的歷史，而且它和唐代名臣狄仁傑之間還有一段故事。

　　走進唐槐公園，穿過一個小亭，便可見到D字001號古槐，其前立有一碑，寫有「唐槐」二字，雖歷經千年風霜，古樹仍然枝繁葉茂。這棵古槐，據史書所載，係狄仁傑的母親親手種植。

　　槐通「懷」，相傳狄仁傑被朝廷任命為并州法曹後，到太原上任，與住在河陽（今河南孟縣）的父母相隔很遠，幾年才能回家見一面。有一天，狄仁傑登上太行山，向南望去，只見一朵白雲在天上飄、孤孤單單的，他頓時想到了自己一個人在此，想起了遠方自己的父母。他動情地說：「我的父母就在這塊雲下生活，但是我們卻不得見。」說到這兒，一代名臣竟流下熱淚，他一直望著這朵白雲，直至其散去才離開。

　　回到官舍後，狄仁傑馬上動身，將自己的母親接到了太原。

母親和兒子團聚後，就在家門口栽下了這棵槐樹。她當初想必不曾料到，這棵幼小的樹苗竟存活了千百年之久。如今，這棵唐槐已經得到了妥善的保護。

後人用「白雲親舍」比喻客居他鄉，思念父母。一九八七年央視春晚上，美籍華人費翔以一首《故鄉的雲》唱出了海外遊子的思鄉之情，其歌詞的創作靈感正來自於這個成語。

白雲親舍

兩袖清風

名臣于謙，清白留人間

「粉身碎骨渾不怕，要留清白在人間。」這是明朝一代名臣于謙的著名詩句。當年于謙曾經擔任過兵部右侍郎，巡撫山西。他上任時，山西正遭遇水旱災害，很多人想盡辦法找北京當權大臣的關係，希望多撥一點救濟款，而于謙卻改變了這個「慣例」。

當時宦官王振專權，肆無忌憚地招權納賄，百官為了找他辦事，爭相獻金求媚。而于謙每次進京奏事，從不帶任何禮品。有人勸他說：「你不肯送金銀財寶，難道不能帶點山西的土特產去？要不然救濟款怎麼能撥下來呢？」

于謙笑了笑，甩了甩他的兩隻袖子，說：「要送的話，只有清風。」他還特意寫了一首詩，《入京》：「絹帕蘑菇與線香，本資民用反為殃。清風兩袖朝天去，免得閭閻話短長。」這其中的絹帕、蘑菇和線香就是當時比較珍貴的山西地方土特產。

「兩袖清風」的成語因此得來。在于謙的努力下，山西遭災時仍儲存了數百萬穀物。第二年三月播種時，他令各府州縣上報缺糧的貧困戶，把穀物分發給老百姓，等秋收後再還給官府，而年老有病和貧

窮無力的則免予償還。在山西任職九年，于謙的威望恩德遍布各地，幾年後山西風調雨順、路不拾遺。

後人用「兩袖清風」比喻做官廉潔，也比喻窮得一無所有。現多用來比喻為官清廉、不貪贓枉法、嚴於律己的人。

兩袖清風

魚躍龍門

飛身一躍，雲霄化龍

在今天山西河津市城西十二公里的黃河峽谷中，有個禹門口，相傳是大禹治水時人工開鑿的一條水道，這個地方也有另外一個稱呼叫「龍門」。站在這裡可以看到，由於峽谷地形起伏大，這裡水勢高低不平，急速緩衝，常常有不少黃河鯉魚在空中一躍而起，場面非常壯觀。這裡正是「鯉魚跳龍門」的所在地。

在淡水魚中，鯉魚喜歡跳水，有時可以跳出水面一米以上，科學家分析，原因之一是鯉魚在越過水中的激流時的本能反應。但在傳說中，鯉魚跳龍門卻有另外的含義。

相傳在黃河中的鯉魚聽說龍門風光好，都想到龍門去看一看，它們順著黃河游啊遊，來到了龍門水濺口的地方。但此處激流沖蕩、水勢凶險，大部分魚兒都退縮了。一條美麗的大紅鯉魚自告奮勇要嘗試跳過這段水流。只見牠使出全身力量，魚尾用力擊打水面，縱身一躍，一下子跳到了雲彩裡。這時突然一團天火向牠撲來，燒掉了牠的尾巴。牠忍著疼痛繼續朝前躍，終於躍過了龍門，掉進山南的湖水中。這時牠才發現，天神燒掉了牠的尾巴，牠已經變成了一條龍。

「鯉魚跳龍門」這種勇於爭先、逆流而上的精神被後人廣為傳頌，常被用來比喻金榜題名、飛黃騰達，後來又比喻逆流前進、奮發向上。

魚躍龍門

董父豢龍

馴龍高手本姓董

龍是中華民族的圖騰，但自古以來，龍只有圖形，卻沒有實物。中國龍發源於哪？歷史傳說中第一個規模養龍的馴龍高手是今天的山西聞喜縣人董父，他養龍的地方就在今天運城市聞喜縣禮元鎮白水灘一帶，這也使聞喜擁有了「龍鄉」的美譽。

聞喜縣東官莊村旁的董澤湖是傳說中董父豢龍的地方，現在這裡還有董父廟遺址。相傳董父是舜帝手下的大臣，他能文能武，還能騰雲駕霧，最拿手的本事就是養龍。

養龍，最難的是找到合適的地方，傳說龍是聖潔之物，只喝甘泉，只住在有靈氣的水中。董父便在普天下尋找甘泉，後來在今天聞喜地方的鳳凰垣和峨眉嶺之間發現有一處大甘泉，是極佳的豢龍聖地，便在此定居下來。這個地方位於今天山西聞喜縣東北方向橫跨東鎮、禮元兩鄉鎮的四十里白水灘。

當時，董父官職還不是太大，利用業餘時間就在白水灘裡養龍：各種花色的龍，金、赤、青、白、烏，都被他馴得像家牲一樣聽話。天旱，他就叫它們去行雲布雨，沒事的時候只許在湖裡規規矩矩，不

得去興風作浪。

　　後來舜帝給董父升了官。要離開了，但董父捨不得他的龍，他將一條白龍馴成了自己的坐騎，這樣他就可以白天在朝裡做官，夜晚騎著白龍騰雲駕霧回到董澤湖，繼續養他的龍。如此雲裡去、霧裡歸，一直到退休的時候，他提了一個要求，要回到家鄉繼續他的養龍事業。舜帝答應了他的請求，並將今天的白水灘一帶封為「董父之國」。董父後人在此世居，以董為姓。

智伯送鐘

假送禮真占地

　　春秋末年，晉國的四位卿大夫智伯與韓、趙、魏四家瓜分了另外兩個卿大夫范、中行的領地，智伯成了晉國實際的掌權者，他想開疆闢土來擴充自己的勢力。當時，晉國東北方有中山國，又有仇猶國，都比較弱小，仇猶在晉與中山國之間。智伯將目標放在這兩個小國身上。

　　按照攻擊路線，仇猶國成為首攻目標。但晉國與仇猶國之間的山路非常艱險，兵馬難以通行。如果派人開山鑿路，又會暴露自己的出兵意圖，難以出奇制勝。

　　智伯心生一計，讓能工巧匠鑄造了一口貴重的大鐘，作為禮物贈送給仇猶國君。在春秋時期，鐘是非常重要的禮樂之器，一個國家幾代人才能擁有一口大鐘，現在晉國送來如此大禮，仇猶國君當然非常高興。只是這座大鐘大到要把兩輛大車並排才能裝載起運，沒有大道就運送不到。

　　仇猶國君不知智伯包藏禍心，急於拿到貴重的禮物，於是命人鑿開山道，修一條迎賓路來迎接大鐘。當時仇猶國的大臣感覺到很疑

惑，向國君進諫：「一般送禮都是小國給大國送，現在大國晉國竟然給我們送禮，這裡面一定有問題。」但仇猶國君不理會，認為晉國給送禮就是天大的面子，如果不收就是不給晉國面子，反而惹禍上身。

七個月後，仇猶國把道路修好了，迎取了大鐘。可大鐘還沒安放好，晉國的大軍就順著仇猶國修好的道路衝殺而來，仇猶國很快被智伯滅亡。貪圖一口鐘，最後被滅了國。

後人用「智伯送鐘」來形容不懷好意，另有所圖的人。

董永行孝得姻緣

天仙實為田仙

董永和七仙女的故事在中國民間廣為流傳，二○○六年五月二十日，該傳說入選第一批國家級非物質文化遺產名錄，在中國文化史上開啟了民間傳說受國家保護的先河。山西萬榮縣前小淮村也入選董永傳說的傳承地。

據記載，在董永家附近田家窯村有個莊戶人家姓田，田家有位姑娘叫田仙。田仙自幼聰明伶俐，不僅長得美麗動人，而且做得一手好活計，她織的布光滑平整、細密柔軟，常常被選為朝廷貢品，人們都說她是天女下凡。後田仙被賣身葬父的董永的孝心感動，嫁給了他。

有學者對董永故事進行了考證，董永和七仙女故事中的織女天仙，並不是從天上降臨到人間的神女，而是當地一名勤勞、善良的民間女子，只是在人們口耳相傳中，「田」「天」同音，將「田仙」誤為「天仙」，從而使董永故事神話化。其實是先有田仙，後有天仙。

董永行孝得姻緣

白馬拖韁

神馬立功，留名寺傳奇

在山西晉城市北邊山上有一座白馬寺，寺廟附近有一種石頭，外堅中空，搖之有響聲，人稱「馬鈴石」，相傳是一匹神馬留下的。

古時有一少年機智又善良，一日，他打柴回來，路遇一老者向他索柴取暖。少年看到老人受凍的樣子，不顧柴少挨打的危險，慨然施柴於老人。老人於是從懷中取出一匹紙馬，送與少年，告訴他，這是一匹神馬，是當年唐僧取經時騎過的小白龍，如有需求，只要找到千年谷草讓它吃下，立刻就能顯靈。少年回家後，突然狂風大作，下了一夜的暴風雪。第二天，財主不顧風雪，威逼著少年進山打柴。少年想起了藏在懷中的紙馬，但千年谷草又去哪裡找呢？突然他想到了山上的白馬寺裡有一尊千年古佛像毀了，而那佛像的骨架正是由谷草紮成。於是他立刻來到了寺院，取出一棵谷草。懷中的紙馬竟張口吞下，突然就成了一匹雪白的駿馬，進山為少年馱柴而歸。財主得知後，就想將神馬占為己有，於是同家丁合謀半夜前去盜馬，結果被白馬踢翻在地。少年從夢中驚醒，躍上馬背，白馬騰空而去。馬鈴被財主扯落，散了一地，變成搖之即響的馬鈴石，白馬韁繩拖過的一條山梁至今寸草不生。

如今，「白馬拖韁」成為晉城古四景之一。

白馬拖韁

道義

虞芮讓畔

一塊田地，萬世禮儀

　　在山西芮城縣壇道村有一座讓畔神祠。傳說周武王在祠內栽下兩棵古柏，距今已有三千餘年，歷代的縣官每年都要到這裡祭獻。這座祠堂建立的背後竟是一段兩國領土談判的佳話。

　　殷商末年，社會動盪，商紂王暴政使得諸侯分崩離析。當時虞國、芮國兩國的君主為一塊界田爭執不下，相互不讓，馬上要兵戎相見。

　　這時周文王在西方崛起，兩國決定讓辦事公道的周文王決斷是非。兩位國君帶著使團趕往周文王所在的西岐。這一天，他們在西岐郊區看到在周文王的地界上，耕地的農民互相讓出土地相交的地邊，走在道路上的人們互相讓路，所有人之間都禮讓三分。

　　兩人將信將疑，又走到周王城的大道上，發現這裡男女不同路，在路上沒有一位老年人是背著重物的，都是年輕人幫忙拿著，大家尊老愛幼、禮讓成風、秩序井然。

　　「周禮」讓兩位國君大開眼界，探問之下才得知，在周朝從上到

下都以禮為人生準則，兩個人終於明白了周文王為什麼能夠得民心，於是慚愧地說：「咱們所爭的，正是人家所引以為恥的呀！我們倆身為國君，還不如周的普通百姓呢。」

於是，兩人未見文王，各自回國，讓出那塊界田，人稱「閒田」。後人為了紀念這段歷史，修建了讓畔神祠。周武王得天下後，得知了兩位國君的故事，特意來此祭拜。虞、芮兩國國君能讓田改過，成就互相謙讓、和合之美德。

虞芮讓畔

完璧歸趙

藺相如不辱使命

　　傳國玉璽是王權最重要的象徵，而中國歷史上第一個大一統帝國——秦朝的傳國玉璽就是用一塊特別的寶玉所製，這塊名叫和氏璧的美玉，有一段神奇的經歷。

　　和氏璧產自楚國（今湖北江漢地區），由楚國著名的玉匠卞和發現並獻給楚王，但楚王並沒有認識到這塊美玉的價值。最終，美玉落到了趙惠文王手中。在趙國，美玉被工匠仔細打磨成舉世無雙的寶貝。

　　聽說趙國得了寶貝，強大的秦國便派使者前來，表明自己想要這塊和氏璧，並且願意拿十五座城來換。表面看，這是一筆合算的買賣，但秦國當時無比強大，即便真的把和氏璧給了它，保不齊它還是會賴帳，到那時，趙國丟了寶玉也得不到城池。因此趙惠文王心裡也沒底，他找來眾位大臣商議。大家七嘴八舌，沒有一個好辦法。

　　這時，一個叫藺相如的小官站出來說道：「秦昭王用城換璧而趙國不答應，理虧的是趙國；趙國給秦璧而秦不給趙國城池，理虧的是秦國。現在秦國如此強大，怎麼也不能讓它占了理，寧可答應秦的請

求而讓秦負理虧的責任。」

藺相如自告奮勇擔任使者，去處理這項棘手的任務，臨行前他給趙王承諾，或者他帶著十五座城池的印璽回到趙國，或者完整無缺地把和氏璧帶回來。

見到了傳世珍寶和氏璧，秦昭王高興萬分，拿在手中仔細把玩，還把近臣和妃子叫來一起看，但卻遲遲不和藺相如說城池的事情。藺相如知道，這樣下去，和氏璧和那十五座城池自己一個都帶不回趙國。

他靈機一動，上前對秦昭王說：「這塊絕世美玉上面有點大家看不出的毛病，請讓我來指給大王看。」等秦昭王將和氏璧還給他時，他捧著和氏璧退到了宮殿的柱子前面，大聲喝道：「我看大王無意補償給趙國十五座城，所以又把它取回來。大王一定要逼迫我，我的頭現在就與和氏璧一起撞碎在這柱子上！」

秦王怕他撞碎和氏璧，只得婉言道歉，求他別把和氏璧撞碎，並召喚負責的官吏察看地圖，把十五座城指給他看。藺相如估計秦昭王只不過以欺詐的手段假裝把城劃給趙國，就對秦昭王說：「和氏璧是天下公認的寶貝，趙王敬畏大王，不敢不獻出來。趙王送璧的時候，齋戒了五天。現在大王也應齋戒五天，在朝堂上安設『九賓』的禮節，我才敢獻上和氏璧。」秦王為了穩住藺相如，只得答應齋戒五天。藺相如知道秦王是勉強答應，當天夜裡，他回到官舍，馬上派隨從換了粗布衣服連夜帶著和氏璧從小道逃回趙國。五日後，秦昭王在朝堂上設了「九賓」的禮儀，藺相如上前對秦昭王說：「秦國自秦穆公以來不曾有一個國君是堅守信約的，我實在怕受騙而對不起趙國，

所以派人拿著璧回去了，現在應該已經到趙國了。再說秦國強大而趙國弱小，大王只需派一個小小的使臣到趙國，趙國便會立刻捧著璧送來。現在強大的秦國先割十五座城給趙國，趙國又怎麼敢留著璧而得罪大王呢？我知道得罪大王應該處死，我請求受湯鑊之刑。」秦王對朝臣無可奈何地苦笑道：「現在殺了藺相如，終究也得不到和氏璧，反而斷絕了秦、趙的友好關係，不如好好招待，讓他回去。」

這樣一場驚心動魄的談判，藺相如一沒有讓秦國有了侵略趙國的理由，二來將寶玉帶回了趙國，由此成為趙國的英雄。秦滅六國後，和氏璧又到了秦國，被做成玉璽。

後人用「完璧歸趙」來比喻把原物完好地歸還物品的主人。後人評價藺相如「鬥秦王智勇雙全，靠的是一張利嘴；讓廉頗大局為重，憑的是一腔熱情」。

欲加之罪，何患無辭

君臣鬥的「關鍵武器」

春秋時期，晉獻公在位時最寵信妃子驪姬。當時，晉獻公已經立了申生為太子，準備讓他繼位。可驪姬想讓自己的兒子奚齊當國君，於是她千方百計地陷害申生，最終申生自殺身亡，他的兩個弟弟，後來成為晉文公的重耳和後來成為晉惠公的夷吾，逃亡國外。

晉獻公病重，他把最信任的大夫荀息叫到床前，囑咐他好好輔佐奚齊當國君。晉獻公一死，晉國陷入一片混亂之中。有一個名叫里克的大夫，他原來是太子申生的副將，因覺得申生死得太冤枉，一心想為申生報仇。奚齊登上君位不久，里克就找到機會把奚齊給殺了。荀息只好又立了奚齊的弟弟公子卓子當國君，可是很快，里克又把卓子也殺了。這時候，流亡秦國的夷吾回國當上了國君，這就是晉惠公。晉惠公剛當上國君，就想殺掉里克，他對里克說：「你殺掉了兩個國君，我如果不殺你，別人就不會服我。」沒想到里克不但不害怕，還冷笑著說：「如果我不殺他們，能輪到你來當這個國君嗎？你既然已經打定主意把罪名加到我頭上，還怕找不到理由嗎？」於是他自己撲

到劍上結束了自己的生命。世人謂之「欲加之罪，其無辭乎」。

後人用成語「欲加之罪，何患無辭」來形容想要給人強加罪名，何愁找不到藉口；欲加害於人，即使無過錯，也可以羅織罪名。

危如累卵

摞雞蛋巧諫國君

春秋時，晉國因為晉文公的治理國力日漸強盛，成為當時的霸主。而到了晉文公的孫子晉靈公時，他因貪圖享樂，不思進取，竟想要修築一個九層高臺，用來登高望遠，俯瞰全國各地。

於是，他下旨把全國的財力、人力都集中起來修築這個高臺。農民都被徵來修高臺，連很多婦女也被徵來搞後勤，做飯送水。許多大臣認為，一個國家如果整天這樣浪費國力，十分危險，都想向晉靈公進言，勸他別這麼幹。可是晉靈公早就下了口諭：「誰敢進諫我修高臺這件事，全部殺無赦！」這麼一來，誰也不敢進言了，只能眼睜睜看著晉文公開創的晉國霸業一點點消亡。

這時，大臣荀息要見晉靈公。晉靈公知道荀息肯定是來阻止他修九層高臺的，便彎弓搭箭，說：「讓他進來吧。」

晉靈公箭搭在弦上，看著荀息說：「你是來諫阻我修九級高臺的吧？你不要說，看見這支箭了嗎？只要你一說這話，我這手一鬆就把你射死了。」

荀息一看這個架勢，知道要再說下去將小命不保，於是換了個思路，說：「我今天來拜見大王，並不敢向您規勸什麼，只是為了給您展示我的一項本領。」

荀息說他可以把十二顆棋子擺起來，然後在這上邊再擺九個雞蛋，還能讓它不倒下來。晉靈公來了興致，把箭放下，讓荀息當場表演。

荀息讓手下人拿來十二個棋子，把它們擺了起來，又讓人拿來一筐雞蛋，一個接著一個往上擺。晉靈公看得全神貫注，情不自禁地

危如累卵

說：「危險！太危險了！」荀息說：「您別急，還有比這更危險的呢，九層高臺沒有三年築不成，現在男人不種地、女人不織布，國庫會空虛。鄰國知道中國的財力已經不行了，就會起兵，他們一興兵我們晉國可就亡了。」聽了這一番話後，晉靈公才醒悟過來，立刻下令停止了修築高臺的工程。

「危如累卵」這條成語比喻形勢非常危險，如同堆起來的蛋，隨時都有塌下來打碎的可能。

圍魏救趙

「孫龐鬥智」例證三十六計

　　經過春秋時期的無數次兼併戰爭，諸侯國的數量大大減少，到戰國時，秦、齊、楚、燕、韓、趙、魏七個較強的諸侯國並立，被稱為「戰國七雄」，各國君主都練兵強國，互相發動戰爭。魏國建都原本在安邑（今山西夏縣），為了稱霸，便遷都到了大梁（今河南開封）。在各國的兼併戰爭中，湧現出許多著名的軍事家和戰例，其中就有孫臏和圍魏救趙。

　　西元前三五四年，勢力強大的魏國以龐涓為將，舉大軍向趙國都城邯鄲（今河北邯鄲）進攻。趙國主力部隊都在邊境，都城危急，於是向齊國求救。齊國派大將田忌為將軍，率兵來救趙國。

　　當時孫臏在田忌手下擔任軍師，孫臏和魏國的大將龐涓曾是同學，在一起學習過兵法。孫臏深知龐涓用兵快捷、果斷，便向田忌獻計說：「兩個人打架，第三個想勸架，如果用拳將他們打開，或者出手幫著一方打，互相難免都有損傷。平息糾紛只需要將緊張的形勢疏導就可以了。如今趙、魏兩國攻戰正激烈，魏國精兵都在圍困趙國的都城，國內只剩下老弱病殘。您不如率兵突襲魏國都城，衝擊魏國空

虛的後方，魏軍一定會放棄攻打趙國而回兵援救。這樣我們就能一舉兩得，既解了趙國之圍，又能給魏國以痛擊。」田忌聽從了孫臏的謀劃，轉而攻擊魏國都城大梁。

同年十月，雖然趙國邯鄲被魏軍攻下，但因為魏國大梁又處於齊國攻擊之中，魏軍急忙回師援救，在桂陵與齊國軍隊遭遇激戰，結果魏軍大敗。

孫臏用圍攻魏國的辦法來解救趙國的危困，這在中國歷史上是一個很有名的戰例，後來被列為三十六計中的重要一計。圍魏救趙這一避實就虛的戰法為歷代軍事家所欣賞，至今仍常常被使用。

後人用「圍魏救趙」來指襲擊敵人後方的據點以迫使進攻之敵撤退的戰術，現借指包抄敵人的後方來迫使它撤兵的戰術。

神農嘗百草

一日中毒七十次的藥劑師

　　山西長治地區有著悠久的中藥材種植歷史，在長治城東北五公里處有一座南北走向的大山，這就是百穀山，俗稱「老頂山」。老頂山滴谷寺正東半山腰處，有一神農洞，相傳為神農氏嘗百草之所。

　　神農氏生活的時代，人們吃野草、喝生水、食用樹上的野果子、吃地上爬行的小蟲子，所以常常生病、中毒或是受傷，人們得病根本不知道怎麼辦，只能靠自己抵抗，有的只好等死。

　　神農氏決定尋找一種能夠幫助人們抵抗這些病痛的東西，他發現深山中一些草木有治病的功效。但深山中草木眾多，神農氏也不清楚哪些有毒、哪些可以治病。

　　神農氏為此決心親自來一個個品嘗。神農氏的樣貌很奇特，身材瘦削，身體除四肢和腦袋外，都是透明的，內臟清晰可見。如果藥草是有毒的，服下後他的內臟就會呈現黑色，因此什麼藥草對於人體哪一個部位有影響就可以輕易地知道了。

　　大地上的草木品種多得很，數也數不清，神農氏一個個吃下去，

把這些草木的不同藥性記錄下來。很多草木都是有毒的，為了尋找藥品，神農氏曾經在一天當中中毒七十次。他被毒得死去活來、痛苦萬分，可是他憑著強壯的體力，又堅強地站起來，繼續品嘗更多的草木。

神農氏下決心要嘗遍天下植物，據說被他嘗過的花、草、根、葉就有三十九萬八千種。神農氏發現老頂山上的眾多草木都可以治病，便長期在此定居下來，將自己嘗過的草木按藥性分門別類記錄下來，如甘草可以治療咳嗽，大黃可以治療便祕，黃連可以消腫等等。

神農氏嘗藥走遍天下，相傳在山西太原神釜岡上還留著神農氏煮藥的鼎，但這個地點今天已經不可尋。神農氏也成為中醫藥的始祖，在山西長治地區很多地方種植中藥材的傳統也因此而來。

嫘祖養蠶

先蠶娘娘發明天然布料

先古時代，華夏之祖黃帝歷經千辛萬苦建立了部落聯盟，並被推選為部落聯盟首領。他將部落人衣物的設計和製作工作交給了自己的正妃嫘祖。嫘祖是今天山西夏縣西陰村人，在這裡，嫘祖發明了植桑養蠶。

為了做出可以遮風擋雨的衣物，嫘祖帶著一群女眷加班加點，剝樹皮、織麻網，她們還把男人們獵獲的各種野獸的皮毛剝下來，進行加工。但這些衣服樣子醜陋、風格混搭，總讓完美主義者的嫘祖感到力不從心。因勞累過度，嫘祖病倒了。

她茶飯不思、精神不振，守護在嫘祖身邊的幾個女子決定上山摘些野果回來給她吃。可平時嘗起來酸酸甜甜的果子，如今在嫘祖的口中都是寡淡無味。有一天侍女在桑樹林裡發現了滿樹結著的白色小果，她們以為找到了好鮮果，就摘來給嫘祖嘗，結果發現這些小果根本咬不動。她們又用水來煮，覺得煮熟後果子就會變軟，結果水開了很多遍，煮在鍋裡的白色小果全部變成了雪白的細絲線。

躺在病床上的嫘祖聽到果子的「變形記」，拿起變成了線的果子

嫘祖養蠶

來嘗，發現其韌勁十足，雖然不好吃，但是接在一起可以當服裝的原材料。聰明的嫘祖高興道：「這不是果子，不能吃，但卻大有用處。」不久，她就痊癒了。她在桑樹林裡觀察了好幾天，才弄清這種白色小果是一種蟲子口吐細絲繞織而成的。她回來就把此事報告給黃帝，並要求黃帝下令保護橋國山上所有的桑樹林。在嫘祖的宣導下，黃河流域的黃帝部落（今山西臨汾、運城一帶）開始了栽桑養蠶的歷史，嫘祖的家鄉夏縣西陰村也成為養蠶的發源地。

後人為了紀念嫘祖這一功績，就將她尊稱為「先蠶娘娘」，而蠶絲也開始成為中國絲綢的重要原材料。

風后智造指南車

風陵渡背後的故事

在山西與陝西、河南三省的交界處，有一個地方叫風陵渡，這裡是黃河上最大的渡口。這個名字的由來是為了紀念一位傳奇的發明家——風后。

在四大發明之一的指南針發明之前，中國已有指向工具，就是黃帝大戰蚩尤時的指南車。

傳說黃帝和蚩尤大戰三年，交鋒七十二次，都未能取得勝利。蚩尤一會兒呼風喚雨，一會兒製造大霧，使得黃帝的軍隊常常迷失方向。

在一次大戰中，蚩尤眼看就要戰敗，他又放出大霧，霎時四野彌漫，部隊深陷其中。黃帝十分著急，只好命令部隊停止前進，馬上召集大臣們商討對策。眾大臣都到齊了，唯獨不見風后，黃帝只好親自去找。

在一輛戰車上，黃帝找到了風后。只見風后獨自一人在車上睡覺，黃帝生氣地說：「都什麼時候了，你怎麼還在這裡睡覺？」風后

慢騰騰地坐起來說：「我哪裡是在睡覺，我是在想辦法。」接著，他用手向天上一指，對黃帝說：「您看，為什麼天上的北斗星斗轉而柄不轉呢？我們可以根據這個現象，製造一種會指方向的工具，有了這種工具就不怕迷失方向了。」

之後，由風后設計，大家動手製作，經過幾天幾夜奮戰，終於造出了一個能指引方向的儀器。風后把它安裝在一輛戰車上，車上安裝了一個假人，伸手指著南方。然後告訴所有的軍隊，打仗時一旦被大霧迷住，只要一看指南車上的假人指著什麼方向，馬上就可辨認出南北東西。

從此，黃帝的軍隊再也不怕蚩尤的大霧了，人人奮勇爭先、驍勇善戰，大家一鼓作氣終於打敗了蚩尤，打通了中原的道路，控制了黃河中游一帶。可惜風后卻在這場戰役中不幸遇難，黃帝悲痛萬分，親自為他選了墳地，把他埋葬在黃河以北今天山西芮城縣的趙村。後人又把趙村改名為「風后陵」，意為風后的陵墓。「風陵」也就是現在的風陵渡。

堯觀天象創節令

堯帝觀天，創制二十四節令

「春雨驚春清穀天，夏滿芒夏暑相連，秋處露秋寒霜降，冬雪雪冬小大寒。」二十四節氣歌每個中國人從小就會背，但它的發明者是誰？它的起源之地又是哪裡呢？

相傳在堯的時代，首次制定了曆法。堯命令羲氏、和氏兩位優秀的天文學家根據日月星辰的運行情況制定曆法，然後頒行天下，使農業生產有所依循。他派羲仲去東海之濱觀察日出的情況，以晝夜平分的那天作為春分，並參考鳥星的位置來校正；派羲叔住在叫明都的地方，觀察太陽由北向南移動的情況，以白晝最長的那天為夏至，並參考火星的位置來校正；派和仲住在西方叫昧谷的地方，觀察日落的情況，以晝夜平分的那天作為秋分，並參考虛星的位置來校正；派和叔住在北方叫幽都的地方，觀察太陽由南向北移動的情況，以白晝最短的那天作為冬至，並參考昴星的位置來校正。

之後，堯帝決定以三百六十六日為一年，每三年置一閏月，用閏月調整曆法和四季的關係，使每年的農時正確，不出差誤。由此，古人將帝堯的時代視為農耕文化飛躍的時代。

從堯帝開始，經過千百年的不斷改進與完善，到秦漢時期，二十四節氣已完全確立，直至今天，還一直在使用。

臺駘治理汾河

玄冥師降服水魔

在山西忻州市寧武管涔山有一奇石，狀似加蓋的鍋，支撐它的兩小石形若鍋腳，人稱「支鍋奇石」，是寧武八大奇景之一。說起這「支鍋奇石」的來歷，就要說到臺駘治汾的故事。

一提治水，人們想到的就是大禹，其實在他之前，曾經也有一位治水英雄，名叫臺駘，是歷史傳說中「華夏治水第一人」。相傳上古荒蠻時期，洪水氾濫，今天山西境內的汾河本來是由北往南注入黃河，但由於當時晉南一帶地殼頻繁運動，中條山不斷隆起，致使汾河下游河道中斷，河水四溢，發生汾水與洮河（今涑水）爭道的現象，洮河排泄不暢，造成晉南大面積洪災。

臺駘當時擔任的是玄冥師，主要工作就是治水。經過艱苦細緻的勘察測量，他在今山西侯馬臺神村一帶汾河大拐彎處開鑿出了新的汾河河道，使南北流向的汾水滾滾向西，與洮水分開水道，形成了今天的汾河水系分布格局。

傳說臺駘治水成功後，為了使洪水不再肆虐氾濫，便從天上摘來三顆星，壘成「品」字狀，置於山頂之上作為鎮壓汾魔的鎮魔石。說來也怪，有鎮魔石屹立於此，汾河洪水果然沒有再像上古時那般肆虐

過。經千百年的地形演化，鎮魔石就變成了今天管涔山的「支鍋石」。

臺駘善於把握自然規律，因勢利導、科學治水的方法和勇於與大自然鬥爭，攻堅克難的勇氣值得後人借鑑。為紀念這位降伏水魔、造福人類的先人，人們在許多地方都修建了臺駘廟，現在保存比較完整的有侯馬古翠嶺、寧武定河村和太原晉祠的臺駘廟，臺駘治汾的故事也被代代相傳，直至今天。

打開靈石口，空出晉陽湖

大禹鑿河，福佑太原

在山西太原市西南方有個晉陽湖，湖面如鏡，是華北地區最大的人工湖，但在幾千年前，包括今天太原、晉中盆地在內的陸地曾經是更大面積的天然湖泊。

上古時期，中華大地水患嚴重，黃河流域出現了著名的治水英雄大禹。有一年，他路過晉陽湖，發現這裡和其他地方不一樣。其他地方人們都是依湖而居，而這裡的百姓卻住在遠離晉陽湖的西山上，荒山禿嶺，終年忍饑挨餓飽受風霜。大禹和百姓交談後才得知，原來這個晉陽湖因為地勢高，經常會在雨季侵襲到附近的村莊，百姓叫苦不迭，所以才住到山上。

大禹決心治理晉陽湖，他想出的辦法是把晉陽湖的水疏導到安全位置。但他找了四十九天也找不到湖水的出口，想了八十一天也想不出騰空湖水的辦法，大禹心急如焚。

一夜，恰逢十五，明月當空，他趁著月色又坐船來到晉陽湖上觀察，與一位打魚的老婦人不期而遇。大禹請老婦人一起吃酒，老婦人問大禹：「三更半夜為何不休息？」大禹說出了原因。老婦人拿起銀

筷子朝銀盃底下一敲，敲出一個缺口，杯中酒霎時全漏掉了，她笑而不語，換了一個杯子喝酒。

等老婦人走後，大禹環顧四周，看見晉陽湖的形狀就像一個酒罈，被打破的方向正好指向靈石口，大禹恍然大悟，老婦人是在點悟他。

大禹命工匠做了一對銀老鼠放入湖中，銀鼠很快就把靈石口挖開，湖水嘩嘩地向南流去。晉陽湖空出後不久便成為一片沃壤，人們走下高山，開始了平原生活。

今天的晉陽湖是新中國成立初期人工開挖的蓄水池，湖水由汾西西幹渠引入，現在這裡建起了晉陽湖公園。

奚仲造車

雙輪馬車，奚仲首創

今天山西運城市的夏縣相傳是中國歷史上第一個朝代夏朝的都城所在地。夏朝由大禹及其後人建立，當時誕生了眾多發明。世界上的第一輛車就是由夏朝的一位官員奚仲所製造。

奚仲是約四千年前夏朝時的車正，傳說是他發明了舟車技術。奚仲發明的車設有車架、車軸、車廂，為保持平衡，車子採用左右兩個輪子。雙輪車的發明使得人類的體力大大解放，之後人們學會用馴服的動物來拉車，極大地提高了勞動效率。

相傳奚仲年輕時身材魁梧，他看到人們在運輸重物時都要靠人力抬扶，在往高坡地搬運時，人們會用木頭墊在重物下，一點一點往前挪，便仔細觀察了墊在重物下面的樹木，發現這樣比較省力的原因是圓形的木頭可以在坡地上滾動。他開始琢磨怎麼利用這個原理做成一個工具，讓老百姓都受益。一次又一次試驗均未成功，後來有一次他看到一位老大娘在光滑的石磨盤上用一根圓棍推動碾盤碾米，不一會兒米就碾成了面。他受到啟發立即動手設計，將碾盤立起來變成了車輪子，反覆試驗終於成功。

奚仲造車

　　車子製作成功的那天，前來觀看者可謂人山人海。只見奚仲喊著
號子，前後各一人架著車把，車架上放滿東西，稍一用力車輪就很輕
鬆地滾動向前。奚仲發明了雙輪馬車，夏王封他為車正，負責製造車
輛和交通運輸。

闖王倒取寧武關

李自成力戰明朝第一悍將

明朝末年，內憂外患，各地民眾被迫揭竿而起，反抗明朝皇帝。在明末的農民起義中，被稱為「闖王」的李自成逐漸強大起來，他聯合各地起義部隊，建立大順王朝，向明朝發起了最後的攻擊。起義軍所到之處，所向披靡，但在山西中北部的寧武關，起義軍遇到了最大的麻煩。

寧武是忻州市所轄的一個縣，因古縣城形狀似鳳凰，又叫「鳳凰城」。在明朝成化年間，這裡是重要的邊塞關卡，設有寧武關。當時，李闖王剛剛建立大順王朝，親自帶領百萬義軍東征，出西安、占太原，準備經大同攻取北京城。在太原和大同之間，寧武關是必經之路。當時鎮守寧武關的將領是明朝驍將山西總兵周遇吉。

周遇吉利用寧武關地形險峻的優勢，率領五千守軍，利用城樓上的大炮，連連擊退李自成的起義軍，五天殺傷起義軍數萬名，讓意氣風發的李闖王產生了極大的動搖，他想要繞關而走，甚至有了退回陝西的念頭。

當闖王率領起義軍繞過寧武關向大同進軍時，一個部下給他進

言，說寧武城小，必須攻破，否則起義軍人心渙散，很難再戰。李闖王便鼓足信心，再次率領大軍攻打寧武城。這時，他發現寧武城東高西低，於是繞過寧武城南門，從東門發動總攻，攻破了寧武關，又用東門繳獲的明軍火炮，陸續攻佔了西門、南門。總兵周遇吉遭擒被殺。

這是闖王起義軍最關鍵的一戰，此後，起義軍取大同、克宣府、破居庸、下昌平，兵不血刃佔領了北京城，崇禎帝自縊煤山，明王朝就此覆滅。

左宗棠與喬家大院

喬東家出錢，左宗棠平疆

在喬家大院，有一面百壽圖的影壁牆，在牆兩旁有一副對聯，上寫「損人欲以復天理，蓄道德而能文章」，這副對聯的作者是左宗棠。左宗棠官至陝甘總督、協辦大學士，是手握重要軍權的清廷重臣，他怎麼會到祁縣喬家堡這樣一個小村來，為喬家題寫對聯呢？

光緒年間，左宗棠任欽差大臣，督辦新疆軍務。當時大清王朝國庫極度空虛，左宗棠與喬家的大票號關係密切，他所需的軍費多由喬家票號存取匯兌，軍費緊缺時，就先從喬家票號預支。喬家票號成為左宗棠平定新疆堅實的後勤保障。

收復新疆後，左宗棠被皇帝召回，回京途中，路過祁縣時，他專程到喬家拜訪了素未謀面的票號東家喬致庸。左宗棠第一次見到喬致庸時，竟然直呼喬致庸「亮大哥」，讓喬致庸感到十分親切。為感謝喬家，左宗棠在喬家門口百壽圖照壁上題寫「損人欲以復天理，蓄道德而能文章」，表達對票商十多年來始終不渝地支持他完成收復祖國大好河山這一事業及其精神境界的感謝，讚頌票號商人能在國難當頭之時以義制利，識大體，以國事為重，與他一起共同書寫出具有愛國情操的道德大文章。

金鐘今尚笑西后

慈禧送禮到曹家

在晉商大院中，太谷的曹家大院以其豐富的館藏文物、高雅的文化品位和獨特的藝術魅力被文物旅遊界的專家學者譽為「晉商珍寶第一館」。曹家大院的古玩珍寶樣樣珍貴，其中有一件「洋玩意」——金火車頭讓人更感好奇，在一百多年前，這麼精緻的工業產品是怎麼到了曹家的呢？

其實這個金火車頭是一個鐘錶，說是金並不是純金，而是由黃、白、烏三金合製而成，總重量約四十二公斤，車頭後部鑲嵌時鐘，車頂裝一自動報時的白金鈴鐺，中部裝有自動預報天氣的晴雨錶。此外還有汽缸、煙囪、六個烏金和白金製成的車輪，兩條長約一點五米的烏金製成的車軌。擰緊發條，火車頭會在軌道上有規律地來回開動，如同鐘擺，如果在汽缸中注入水，左側煙囪中則會冒出蒸汽，整點一到，車頂白金鈴鐺會自動搖響，發出清脆的叮噹聲，是幾點就響幾下，準確無誤。

據說，此鐘原是法蘭西國進獻給乾隆皇帝的貢品，一直珍藏於清朝皇宮之中。這件皇帝的心愛之物到曹家還有一段曲折的故事。

一九○○年，八國聯軍攻陷北京，慈禧太后挾光緒皇帝倉皇出宮西逃，因途中盤纏不足，就派人向曹家借了一筆鉅款。曹家不出兩天就把借款籌集完備，這讓慈禧太后非常高興。為了鼓勵其他晉商要像曹家這樣及時籌款，慈禧太后就把隨身帶著的這件火車頭鐘送給曹家，作為抵押。慈禧返京後，一方面因國庫空虛，另一方面也不想公開還款而「有損皇家臉面」，就把這座價值連城的寶貝賜予曹家，算是了結了借款公案。就這樣，這件金火車頭鐘因為太后的緣故，成為曹家的鎮宅之寶。

　　金火車頭在一九五八年被曹家第二十六代曹聯慶無償捐獻給了國家。現今後人對此評價：「砂鍋勤賣小車推，推出豪華稱晉魁。遼奉蒙俄六百座，祿福壽喜四合圍。一千萬銀鑄大業，兩朝弟子化煙灰。金鐘今尚笑西后，無有曹家怎北歸。」

協同慶巧結張之洞

票號和巡撫的「官商合作」

中國第一家票號創建於清道光四年（1824）的山西平遙，從此，由晉商票號帶動起來的金融風暴操縱著清朝中後期的經濟命脈。到光緒年間，票號進入鼎盛時期：許多票號除民間業務之外，更多地承擔了清政府財政部門和銀行的部分職能，晉商票號和清政府的關係更加密切。「官生意是天下最大的生意」，許多名噪一時的達官貴人紛紛與票號打起了交道，晚清「中興名臣」張之洞就是其中一個。

張之洞因母喪守制三年後，進京朝見皇帝，想謀取更高職位，但當時他囊中羞澀，買官無銀、借債無門。到京後的第二天，張之洞拜訪了協同慶票號。

協同慶掌櫃很機靈，他一方面派出自己的眼線到大內打聽張之洞的情況，另一方面先慷慨地答應。當得知張之洞欲借十萬兩銀子時，掌櫃滿口應許，並大方地說：「十萬兩銀子算什麼，但大人不會一下都用了，銀子帶在身上也不安全，我給大人辦一個取銀摺子，大人想用多少就取多少，沒有限制。」

掌櫃這樣說相當於給了張之洞一個不限額的信用卡。張之洞當然

既高興又感激。其實掌櫃也有自己的打算，因他宮廷有耳目，如果張花上三五萬，而皇帝確有委派的心願，那麼比十萬再多也能借給；如果花上三五萬，宮裡沒有什麼好消息，或者皇帝流露不願重用的意思，那張之洞也就不會再花錢了。果然，銀子還沒有花到三萬兩，張就被任命為兩廣總督了。

據說，後來張之洞不但還上了借的銀子，還把兩廣的財稅解匯業務全部交給了協同慶票號，協同慶在三四年間就賺到了百十萬兩銀子。

後記

《山西文化之旅》是一套以故事敘記山西歷史文化的普及性讀物。

斯著之成，始於山西省副省長王一新之構倡，策劃創作期間，屢示洞見。山西省旅遊局負責本書的具體實施和推廣。山西省政府盛佃清先生，山西省人大常委會韓和平先生，山西省旅遊局馮建平先生、王炳武先生，山西省新聞出版廣電局齊峰先生親力協調統籌、總理編務，襄助良多。山西省政府辦公廳郭建民、樊張明、李仁貴、梅強、薛冬，山西省旅遊局陳少卿以及山西省委外宣辦鄧志蓉、王寶貴亦不辭辛苦，為叢書撰寫做了大量工作。太原旅遊職業學院韓一武、陸霞、賈雪梅、王曉崗、李晉娜、王軍雷、管萍、成宏峰等專家學者參與本冊文稿審核，多有裨益。一併銘謝！！

昌明文庫 · 悅讀文化 A0605020

山西文化之旅——成語傳說篇

主　　編	晉　旅	
版權策畫	李煥芹	
發 行 人	林慶彰	
總 經 理	梁錦興	
總 編 輯	張晏瑞	
編 輯 所	萬卷樓圖書股份有限公司	
排　　版	菩薩蠻數位文化有限公司	
印　　刷	百通科技股份有限公司	
封面設計	菩薩蠻數位文化有限公司	

出　　版　昌明文化有限公司

桃園市龜山區中原街 32 號

電話 (02)23216565

發　　行　萬卷樓圖書股份有限公司

臺北市羅斯福路二段 41 號 6 樓之 3

電話 (02)23216565

傳真 (02)23218698

電郵 SERVICE@WANJUAN.COM.TW

大陸經銷　廈門外圖臺灣書店有限公司

　　電郵 JKB188@188.COM

ISBN 978-986-496-540-3

2020 年 2 月初版

定價：新臺幣 300 元

如何購買本書：

1. 轉帳購書，請透過以下帳戶

　合作金庫銀行 古亭分行

　戶名：萬卷樓圖書股份有限公司

　帳號：0877717092596

2. 網路購書，請透過萬卷樓網站

　網址 WWW.WANJUAN.COM.TW

大量購書，請直接聯繫我們，將有專人為您

服務。客服：(02)23216565 分機 610

如有缺頁、破損或裝訂錯誤，請寄回更換

版權所有·翻印必究

Copyright©2020 by WanJuanLou Books CO., Ltd.

All Right Reserved　　　　　Printed in Taiwan

國家圖書館出版品預行編目資料

山西文化之旅. 成語傳說篇 / 晉旅主編. -- 初

版. -- 桃園市：昌明文化出版；臺北市：萬

卷樓發行, 2020.02

　面；　公分. -- (昌明文庫；A0605020)

ISBN 978-986-496-540-3(平裝)

1.文化史 2.山西省

671.42　　　　　　　　　109002013

本著作物經廈門墨客知識產權代理有限公司代理，由山西人民出版社有限公司授權萬卷樓圖

書股份有限公司（臺灣）出版、發行中文繁體字版版權。